托幼一体化（0—6岁）艺术类教材

中国学前教育研究会教师发展专业委员会
婴幼儿照护服务研修基地 研究项目

幼儿体育游戏指导

蒋高烈　主编

上海教育出版社
SHANGHAI EDUCATIONAL
PUBLISHING HOUSE

图书在版编目（CIP）数据

幼儿体育游戏指导 / 蒋高烈主编. — 上海：上海教育
出版社，2023.6
托幼一体化（0—6岁）艺术类教材
ISBN 978-7-5720-1829-9

Ⅰ.①幼… Ⅱ.①蒋… Ⅲ.①体育游戏－学前教育－
教学参考资料 Ⅳ.①G613.7

中国国家版本馆CIP数据核字(2023)第099868号

责任编辑　姚欢远
封面设计　赖玟伊

托幼一体化（0—6岁）艺术类教材
幼儿体育游戏指导
蒋高烈　主编

出版发行　上海教育出版社有限公司
官　　网　www.seph.com.cn
地　　址　上海市闵行区号景路159弄C座
邮　　编　201101
印　　刷　上海景条印刷有限公司
开　　本　890×1240　1/16　印张 7
字　　数　201 千字
版　　次　2023年8月第1版
印　　次　2023年8月第1次印刷
书　　号　ISBN 978-7-5720-1829-9/G·1671
定　　价　36.00 元

如发现质量问题，读者可向本社调换　电话：021-64373213

内 容 提 要

　　本教材包括幼儿体育游戏概述、幼儿体育游戏的设计与指导、幼儿体育游戏的组织与实施、幼儿体育游戏案例和幼师体育游戏案例示范五个部分。立足于培养学前教育专业学生和幼儿园教师的体教融合能力,借助体育游戏这一载体,采用浸润式教学方式,以期达到增强幼儿体质,培养幼儿健康生活态度和良好行为习惯的目的。

　　本教材从幼儿体育理论知识拓展到实践案例,均由学前教育专业学校从事体育教学工作的教师和幼儿园一线幼师合作完成。在本教材中,各位教师为了促进体教融合,在中职体育课程设置中,顺应新时代发展要求,将体育项目结合游戏融入学前教育专业课程,以提高幼儿在幼儿园期间的体育能力。同时,本教材也可作为一线幼儿园教师幼儿体育游戏方面的指导与参考。

丛书编委会

主　任　郭亦勤　马　梅　缪宏才

副主任　贺永琴　蒋振声　袁　彬

编　委（按姓氏笔画排列）

于　喜　王玉舒　王爱军　王海东　方　玥　叶平枝

任　杰　刘　国　刘金华　苏睿先　李春玉　李鹏桦

张　静　张凤敏　张立华　张会艳　张克顺　张明红

陈恩清　陈穗清　郑健成　赵凤鸣　徐　健　康松玲

黄国荣　董　放　韩映红　蒋高烈

本书编委会

主　编　蒋高烈

副主编　孔笑笑　陈重阳　廖新新　马艺梅

编　委（按姓氏笔画排列）

马艺梅　孔笑笑　牟宁迪　张　璐　陈重阳　胡晓丹

蒋高烈　廖新新

总　序

我国"三孩"政策和相应配套与支持措施的实施,必然带来新生人口的增长。在我国学前教育已经取得显著成果之时,人们对 0—3 岁婴幼儿早期教育的需求与期待明显增强。

中国学前教育研究会教师发展专业委员会针对我国托育事业发展状况与趋势,充分认识到国家、社会、家庭对婴幼儿照护的重视与需求必然推进托育事业的大发展,而婴幼儿照护专业人才的培养、培训,建立一支有素质、专业化的早期教育师资队伍就势必成为关键问题。针对我国高专、高职院校 2009 年开始设置早期教育(0—3 岁)专业,并在 2010 年产生第一个早期教育专业点,随之一些高专、高职院校根据社会需求,迅速开办并推进早期教育专业点建设的情况,教师发展专业委员会于 2015 年、2016 年先后召开了早期教育专业建设研讨会、早期教育课程与教材建设推进会,积极组织全国有关专家学者,与已经开设和准备开设早期教育专业的高专、高职院校相关负责人共同深入研究并制定了早期教育(0—3 岁)人才培养方案,组织华东师范大学、北京师范大学、广州大学、天津师范大学、哈尔滨幼儿师范高等专科学校、福建幼儿师范高等专科学校、贵阳幼儿师范高等专科学校等院校和国家卫生健康委员会(原国家卫计委)有关部门的专业人士及学者,组成了早期教育专业课程与教材建设专家委员会,建立了由部分幼高专和卫生、保健、营养等专业人员组成的早期教育专业教材编写委员会领导小组。2017 年开始组织专家、学者、专业人士围绕早期教育(0—3 岁)专业核心课程进行研究,并编写了系列教材,目前已经由上海科技教育出版社出版发行十余本。

2019 年以来,国家加大了对托育事业与婴幼儿照护专业队伍建设的指导与规范。2019 年 5 月《国务院办公厅关于促进 3 岁以下婴幼儿照护服务发展的指导意见》(国办发〔2019〕15 号)颁发。紧接着在 2019 年 5 月 10 日,国务院以"促进 3 岁以下婴幼儿照护服务发展"为主题,召开了政策例行吹风会。教育部办公厅等七部门在《关于教育支持社会服务产业发展提高紧缺人才培养培训质量的意见》中提出,每个省份至少有 1 所本科高校开设托育服务相关专业。2020 年 5 月,国家卫健委出台《婴幼儿辅食添加营养指南》;10 月,中国疾病预防控制中心就婴幼儿喂养有关问题作讲解;同月,教育部回应政协委员关于早期教育和托育人才培养如何破局,提出在中职增设幼儿保育专业、幼儿发展与健康管理专业,指出将继续推动有条件的院校设置早教专业,扩大人才培养规模,推进"1+X"证书制度试点。国务院办公厅 2020 年 12 月印发《关于促进养老托育服务健康发展的意见》。国家卫健委在 2020 年 10 月 12 日公开向社会征求《托育机构保育指导大纲(试行)》意见的基础上,于 2021 年 1 月 12 日印发了《托育机构保育指导大纲(试行)》(国卫人口发〔2021〕2 号)。各省市也纷纷出台了落实《国务院办公厅关于促进 3 岁以下婴幼儿照护服务发展的指导意见》的实施细则或办法。这些政策与措施极大地推进了我国托育事业和早期教育师资队伍建设。据 2019 年统计,全国高专、高职早期教育专业点有 100 多个,学前教育专业点约 700 个,幼儿发展与健康管理专业点约 250 个。

针对全国院校早期教育专业迫切需要进一步加强专业课程与教材建设的呼声,中国学前教育研究会教师发展专业委员会在早期教育专业启动编写第一批核心课程系列教材并已陆续出版发行的基础上,于 2019 年组织已经开设早期教育类专业的高等院校教师、研究人员,联合国家卫健委系统的卫生、营养、保健、护理、艺术等专业人士,共同启动了早期教育专业第二批实践、操作类和艺术类教材的编写,由上海教育出版社出版发行。

此次出版的系列教材提供给已经或即将开办早期教育专业的高专、高职院校师生使用,也适合托育机构教师、早教领域、社区早教管理和工作人员使用,早教类相关专业(如保育、营养与保健、健康管理等)也可以参考和选择使用,同时也为高校本科、中职与早教相关专业提供参考。由于全国早期教育专业建设与发展存在不平衡,师资队伍力量不均衡,建议根据本院校、本地区实际情况,在早期教育专业人才培养方案的指导下,合理选择确定必修课、必选课、任选课的课程与教材。

从全国来讲,早期教育类专业起步至今仅十余年时间,无论是理论还是实践上,与一些成熟专业相比都存在较大差距。虽然我们从教师发展专业委员会角度力求整合全国最强的力量,给院校早期教育专业建设与发展提供更科学与实用的教材,但是由于教材的一些编者研究深度不够,实践经验不足,能力和水平有限,一些教材不可避免地在某些方面存在问题,请读者批评指正。非常期望在我们推出这两批早期教育专业系列教材的基础上,能有更高水平的专业教材不断产生。

这批教材的主编由高等院校骨干教师和部分省市的骨干医生承担,编者多来自开办或准备开办早期教育专业的高等院校。在此对他们付出的辛勤劳动与贡献表示衷心感谢! 对提供各种支持与帮助的领导、老师、朋友们致以诚挚的谢意!

中国学前教育研究会教师发展专业委员会

叶平枝

2021 年 5 月于广州大学

前　　言

2020年8月31日，国家体育总局和教育部联合印发《关于深化体教融合　促进青少年健康发展的意见》，其中指出："贯彻落实习近平总书记关于体育强国建设的重要指示和全国教育大会精神，充分发挥党委领导和政府主导作用，深化具有中国特色体教融合发展，推动青少年文化学习和体育锻炼协调发展，促进青少年健康成长、锤炼意志、健全人格，培养德智体美劳全面发展的社会主义建设者和接班人"。学前教育阶段是孩子各方面启蒙发育的初始阶段，为加强体教融合，促进青少年全面发展，更应从娃娃抓起。《3—6岁儿童学习与发展指南》建议幼儿每天的户外活动一般不少于2小时，其中体育活动不少于1小时，季节交替时要坚持。可见，体育活动在幼儿园中的开展具有重要意义与价值。

本书立足于培养学前教育专业学生和幼儿园教师的体教融合能力，借助体育游戏这一载体，采用浸润式教学方式，以达到增强幼儿体质，培养幼儿健康生活态度和良好行为习惯的目的。

本书共五章，分别为幼儿体育游戏概述、幼儿体育游戏的设计与指导、幼儿体育游戏的组织与实施、幼儿体育游戏案例和幼师体育游戏案例示范。其中第一章由温州市中等幼儿师范学校马艺梅、胡晓丹、牟宁迪撰写；第二章由温州市中等幼儿师范学校廖新新撰写；第三章由温州市中等幼儿师范学校张璐、陈重阳、孔笑笑撰写；第四章、第五章面向幼儿园一线教师与学前教育专业学生征集而成。

本书参考了国内外多位学者的著述以及学前教育教师的优秀案例，在此表示衷心感谢！由于编写时间较为紧迫，同时当前幼儿体育发展迅速，所编写的内容可能存在不足之处，敬请各位读者批评指正。

编　者
2022年4月14日

目　录

第一章　幼儿体育游戏概述

第一节　幼儿体育游戏的内涵

幼儿体育游戏是深受幼儿喜爱的活动,它以游戏为载体,结合多项体育项目,提升幼儿的力量、速度、耐力、灵敏、柔韧等身体素质,促进幼儿体能的全面发展。

众所周知,游戏是幼儿园不可或缺的一种教学手段,尤其是对于体育课来说,教师想要使幼儿产生对体育的学习兴趣,需借助游戏这一手段,将体育教学内容融入游戏,这样更有利于调动幼儿的积极性,激发幼儿运动的兴趣。那么我们该如何定义幼儿体育游戏呢?

张首文、白秋红主编的《幼儿园体育活动设计与指导》一书指出:"幼儿体育游戏是根据一定的体育任务设计的,由身体动作、情节、角色和规则组成,以身体练习、发展基本动作和增强体能为目的的游戏方式,是一种有意识的,具有创造力和主动性的体育练习活动。幼儿的体育游戏不同于表演游戏、结构游戏和角色游戏,它由各种基本的动作组成,有明确的规则和结果,是以发展幼儿身心健康水平为目的的一种锻炼活动。"从该定义去理解,我们可以找出几个关键词,首先是"身体动作",在学前教育阶段,我们更注重幼儿基本动作能力的培养,如攀、爬、走、跑、跳。幼儿的认知能力是有限的,更多的是通过观察、模仿来认识世界,因此我们在基本动作教学中需要以情境式教学吸引幼儿观察、模仿,这就引出了第二个关键词:"情节"。一个好的游戏,往往需要以情节作为导入,渲染一种游戏氛围,幼儿在角色扮演中完成游戏。最后一个关键词就是"规则"。融合了身体动作的游戏需要规则来约束,幼儿的天性是好动的,体育活动涉及方方面面的安全问题,每一个情节的设定都需要规则。制定规则的目的,不是约束幼儿的天性,而是尽可能减少幼儿的运动损伤。

综上,我们认为:幼儿体育游戏是以游戏为载体,以身体动作练习为基本内容,以促进幼儿身心健康发展为目的的一种体育锻炼活动。

第二节　幼儿体育游戏的特点

一、科学性

1. 年龄特征:不同年龄的幼儿,身体和心理发育的情况不一样,游戏要有针对性并且可以使相应年龄的幼儿接受。

2. 运动量适当:过多和不足的运动量都不利于幼儿成长。幼儿身体还未发育完全,所选游戏的运动量应考虑幼儿实际情况,以适量的运动为佳(如低龄段以结合小玩具的攀爬为主)。

3. 协调:以全身性协调配合的游戏为佳。

二、模拟场景性

在游戏的选择和创编中要结合实际场景来让幼儿参与(如模拟跳水坑、躲避障碍物、过斑马线遇突发情况等),这样不仅可以提升游戏的趣味性,而且有很好的教育意义,对幼儿的成长帮助很大。

1. 教育性

让幼儿在玩中学,以身体协调能力为主开展活动,不仅锻炼了身体,而且可以学到一些知识,意义很大。

2. 创新性与趣味性

在幼儿游戏活动的设计与组织过程中,可灵活地利用身边的物品。可以通过多种方式有机组合游戏,根据幼儿的特点进行创新。幼儿对于游戏的兴趣也是非常关键的,不可忽视。

第三节　幼儿体育游戏的分类

随着社会的发展和教育环境的变化,幼儿体育游戏也在不断更新和发展。根据不同的划分标准,幼儿体育游戏有以下几种常见的分类方法:

一、按游戏场地的不同分类

分为室内游戏、户外游戏。

二、按游戏组织形式分类

分为自由活动游戏和体育教学游戏。

1. 自由活动游戏:以幼儿为主体,幼儿自定形式、自选器材,与伙伴一起活动。

2. 体育教学游戏:教师根据教学计划和课程标准进行的有目的、有组织的教学活动。

三、按游戏有无情节分类

分为主题游戏和无主题游戏。

1. 主题游戏:根据生活中的某一场景或童话故事中的某一情节改编而成的游戏。

2. 无主题游戏:没有固定的情节和角色,主要是幼儿较为感兴趣的技术动作或者是包含了竞赛元素的游戏。

四、按游戏的性质分类

分为故事性游戏、模仿性游戏、比赛性游戏和活动性游戏。

1. 故事性游戏:包含完整的故事情节,教师和幼儿在游戏中扮演相关角色。

2. 模仿性游戏:幼儿模仿某一具体的形象进行某项动作的练习。

3. 比赛性游戏:在一定的规则下进行相关游戏,最后决出胜负。幼儿好胜心强,积极性易被调动起来。

4. 活动性游戏:不一定要有情节和规则,幼儿在玩耍的过程中练习了动作,且达到了一定的运动量。

五、按游戏活动的形式分类

分为接力游戏、追拍游戏、争夺游戏、角力游戏和猜摸游戏。

1. 接力游戏:幼儿一个接一个完成活动的分组竞赛游戏,培养幼儿的团队合作能力。

2. 追拍游戏:幼儿追拍同伴或球类等器材的竞赛游戏,训练幼儿的奔跑和反应能力。

3. 争夺游戏:为争夺相关物品或位置而进行的一种斗智竞速游戏。

4. 角力游戏:幼儿之间的力量性对抗游戏。

5. 猜摸游戏:幼儿蒙住眼睛,利用听觉、触觉等进行游戏。

六、按游戏活动的项目分类

分为篮球游戏、体操游戏、武术游戏、排球游戏和足球游戏等。

七、按身体素质分类

分为速度游戏、灵敏游戏、耐力游戏、力量游戏、柔韧游戏和平衡游戏等。

八、按基本活动技能分类

分为行走游戏、奔跑游戏、跳跃游戏、投掷游戏和钻爬游戏等。

第二章 幼儿体育游戏的设计与指导

第一节 幼儿体育游戏设计与指导原则

幼儿体育活动与幼儿体育游戏既有联系又有区别。两者的联系主要体现在它们的目标是相同的,都是提高幼儿对体育运动的兴趣,促进幼儿身体健康发展,发展幼儿的基本动作,让幼儿掌握各种基本动作的技能、技巧。两者的区别表现在锻炼幼儿身体、促进幼儿身体各项机能发展以及增进幼儿健康等方面的侧重点不同。如果说体育活动是面向全体幼儿、照顾绝大多数幼儿能力水平而进行的锻炼身体大骨骼关节和大肌肉群机能的泛化健体活动,那么体育游戏则是注重幼儿个性,允许自由发挥,不求一致性发展的侧重锻炼幼儿小肌肉群以及身体局部机能和关节精细动作等的健体活动。如果说幼儿体育活动没有竞赛属性,因而不具有胜负输赢的特点,不需要多少努力,不必花费太多的气力即可基本达到健体的目的,那么幼儿体育游戏则更多地具有竞争色彩。幼儿通过努力可以不断达到更高的竞技水平,通过胜负的差异,体验成就感与荣誉感,在享受成功与胜利喜悦的同时,不断增强自信心,从而形成锐意进取的良好品质。也就是说,体育活动只有锻炼的属性,而体育游戏除了锻炼之外,还具有趣味性和竞技性。从某种层面来看,体育游戏是能全面促进幼儿身心健康发展的综合课程。因此,体育游戏有着不同于体育活动的独特设计思路与组织方法。

一、幼儿体育游戏必须贯彻灵巧性原则

幼儿体育游戏应设有发展幼儿灵巧机能的内容和机制,这是针对幼儿相关体能的发展需要提出来的。幼儿的走、跑、跳、投、爬等基本动作虽已基本成形,但动作的准确性、协调性都比较差,同时缺乏灵巧性,动作的整体形态还显得较为笨拙。设有灵巧性训练内容和制约机制的体育游戏可以提高幼儿神经系统对肌肉的调节作用及其对精细动作的控制能力,使幼儿的各项基本动作逐步朝着准确、协调、熟练的方向发展,从而形成正确、合理的运动形态。

灵巧性原则要求体育游戏的设计必须能够随机应变,如一般运动类体育游戏那种跑动中的急停、转身,"老鹰抓小鸡"游戏中的躲闪动作等,都属于含有应变制约机制和相关运动能力的训练内容。此外还要求多安排有益于幼儿发展协调能力的游戏内容,如拍皮球计时赛、用球拍托乒乓球过独木桥等。

二、幼儿体育游戏必须体现智慧性原则

体育游戏要让幼儿有机会闪现智慧的亮点。体育游戏除了担负"育体"的任务,同时还应包含"育智"的成分。较大型的体育游戏通常存在一个怎样提高游戏成功率和获胜率的问题,特意给幼儿留下思考解决这些问题的空间,有利于促使幼儿积极开动脑子,基于动脑完成游戏,这就是智慧性原则。体育游戏只有体现了智慧性,才有可能显示出较多的趣味性,而趣味性的通俗表达——"好玩",则是促使幼儿积极参与体育游戏的一个重要的内在驱动力。

为了更好地体现智慧性原则,教师在设计体育游戏的过程中,应该在规则允许的范围内尽可能多地留有完成游戏的方法供幼儿选择,这样就能不断地拓展幼儿的想象空间和创造空间,提高他们的智力水平。如果一项体育游戏只有一种完成方法,那就很难说它是优秀的体育游戏。同样是"穿山洞""过障碍""走下坡",就应该有不同的"穿"法、"过"法和"走"法。这正是优秀体育游戏的价值所在。

三、幼儿体育游戏必须坚持教育性原则

幼儿体育游戏具有较强的竞技性、趣味性,除了能发展、完善幼儿精细动作和局部机能外,还能在心理上使幼儿体验各种感受:成功或失败,欢乐或痛苦,希望的实现或落空……其中就有一个如何促进幼儿心理成熟与适时进行思想教育的问题。之所以说体育游戏更像是一个综合教育课程,是因为它包含了一个对幼儿进行多重心理素质培养和个性调教的过程。

幼儿体育游戏的教育性原则主要体现为培养幼儿自信、自强的品质和团结友爱的集体主义精神等。一个好的体育游戏,或者说一个能较好体现教育性原则的体育游戏,应该既能体现个人价值,又能体现集体力量。为此,在设计体育游戏时,教师应有意识地把个人项目与集体项目结合在一起,既不搞单一的个人项目游戏,也不搞纯粹的集体项目游戏。换句话说,所有表现个人技能的游戏最好都用组队的方式来进行,使幼儿在获得成就感的同时切实感受到集体的温暖和强大,感受到团结协作的重要性,这样有助于幼儿互助观念和集体荣誉感的形成。

四、幼儿体育游戏必须强调安全性原则

"安全第一"是对学前教育工作中各项具体活动的普遍要求,在幼儿体育游戏的设计组织过程中更应强化这一观念。体育游戏具有竞争性、竞技性和趣味性等特点,有一定的激烈度和难度,幼儿参与的欲望一般都比较强。这就使得幼儿在参与游戏的过程中比较容易"忘乎所以",会不同程度地产生一些激动的情绪,再加上有允许自由发挥来完成游戏的空间,每个幼儿完成游戏的过程和方式可能不同,教师也就难以预料游戏过程中会发生什么情况,这就要求教师准备工作做得周到一些,防患于未然。为确保安全,教师必须在所有游戏道具的使用上考虑周全,确保其在任何情况下的安全性。比如,整个游戏的空间、场所、环境没有任何尖锐的棱角和坚硬的器具,幼儿不会因撞击、摔倒而造成伤害等。这就要求在有草坪、木地板或地毯覆盖的平面上进行游戏;使用质地轻柔、边缘圆滑的木材、塑料、橡胶、泡沫、海绵等制作的器材作为游戏的道具;游戏材料的立体高度不能太高,坡度不能太陡,诸如"独木桥""跷跷板""平衡木"之类的道具设计高度离开地面二三十厘米即可;游戏中的固体道具或液体道具均应无毒、无臭、无刺激性、无腐蚀性,不会因接触而产生任何不良反应。

幼儿体育游戏还要特别防止人为的伤害,因为有时在比输赢的过程中,幼儿之间难免会发生一些矛盾冲突,教师应及时进行疏导、调解,简要地说出正确的行为方式,让他们及时化解矛盾,继续游戏。

第二节　幼儿体育游戏设计与指导方法

教师应合理、积极、有效地组织和指导幼儿开展体育游戏,确保体育游戏发挥其最大的教育效果。

一、介绍游戏的名称、玩法和规则

在介绍游戏的名称、玩法和规则前,教师应把幼儿组织起来,排成进行游戏所需的队形,最好不要迎风和面向太阳站立。教师应站在所有幼儿都能看得见的位置。

教师对于游戏的名称、玩法和规则的讲解要简明扼要、生动形象,既要激发幼儿学习体育游戏的兴趣,又要使幼儿对游戏有直观的概念,知道游戏的名称和玩法。对小班幼儿最好用游戏的口吻,边讲边示范;对中大班幼儿,较简单的游戏一般在讲解后示范,较复杂的游戏要边讲边示范,若教师一人示范有困难则可以请能力较强的幼儿参加,有的动作如"钻",幼儿示范的效果更好。复习旧的游戏,应根据幼儿掌握的情况,有重点地提示。讲解和示范游戏玩法时要突出游戏的规则,使幼儿有深刻的印象,这是顺利进行游戏、保证游戏动作质量和进行思想品德教育的前提。

二、分配角色和分队(组)

合理地分配角色能充分发挥幼儿的积极性和主动性,有利于游戏的顺利进行。教师应根据幼儿的年龄、游戏的内容和角色的要求,灵活分配角色。在一些游戏中,会有主要角色,主要角色往往起着主导作用,主导游戏的发展。小班游戏中,幼儿难以承担主要角色,一般由教师担任,待幼儿熟悉游戏玩法后,可由教师指定或幼儿互相推举能力强的同伴担任,也可用歌谣等方法(如点将法)选定。应尽可能使每个幼儿都有机会担任主要角色,教师也要有意识地利用不同角色进行教育。

竞赛性游戏的分队(组),要注意能力强弱的平衡和男女的搭配,使各队实力大致均等。

三、体育游戏一般都有一定的内容和情节

在游戏的进行中,适当增添一些玩具、饰品等辅助道具,使扮演的角色更加生动形象,这样可提高幼儿,尤其是小班幼儿对游戏的兴趣和动作的质量。例如,练习从场地一端跑向另一端时,每个幼儿手拿小风车,就会增加对跑的兴趣;练习蛙跳跳时,戴上小兔的头饰就会跳得更自然、更起劲;练习纵向跳跃时,在高处系上响铃或打击物,就能激发幼儿跳得更高。但注意用辅助材料时不能单纯地追求形式多样而妨碍动作的正常进行。

四、在幼儿对游戏感到满足但不是很疲惫的时候结束游戏

小班游戏最好结合情节自然结束,比如:"咕噜咕噜肚子饿了,小朋友们快回家吧!"幼儿跟随教师离开活动场地,自然地转入其他活动。中大班应简要总结游戏进行的情况,肯定其中的优点,指出其中的缺点和需要改进的地方,启发幼儿继续提升对游戏的兴趣,但注意不要把总结变成训话。此外,游戏结束时,教师应引导幼儿参与游戏器材的整理,使幼儿养成有始有终的好习惯。

第三章 幼儿体育游戏的组织与实施

第一节 幼儿体育游戏组织原则

一、关注组织形式的多样性

组织幼儿体育游戏时,应多种形式有机结合,可以将儿歌、故事、音乐等恰当地融合到游戏之中,运用故事的有趣情节及儿歌与音乐的节奏来调动幼儿的积极性,激发幼儿参与游戏的兴趣,同时让幼儿在快乐的氛围中学到知识,以充分发挥体育游戏的作用。

二、注重安全教育

在幼儿体育游戏的组织过程中,教师要结合生活实际,对幼儿开展安全教育。首先,教幼儿认识周围环境中不安全的事物,避免危险的行为,如安全玩滑板、不摸电源插座、不攀爬窗户、不允许别人触摸自己的隐私部位等;其次,以游戏活动的形式教幼儿学会简单的自救和求救方法,如求救电话120、110、119的使用等。除此之外,以游戏活动内容教幼儿认识生活中常见的安全标志,如小心触电、小心有毒、禁止下河游泳、紧急出口等。

三、注意激励和评价

首先,要及时对每个幼儿在体育游戏中的点滴进步给予表扬,激发幼儿参加体育锻炼的积极性,注意保护幼儿在体育游戏活动中的自信心。其次,要持续、系统地观察幼儿在体育游戏中的整体表现,通过一些小型比赛、情境游戏等对幼儿的体育基本能力发展水平进行评价。最后,要对幼儿体育游戏进行整体评价,指导日后体育游戏的开展与组织。

四、确保游戏过程的安全性

很多幼儿体育游戏都依赖于一定的体育器材,如滑滑梯、秋千、跷跷板、障碍物等。一些幼儿体育游戏安全事故的发生是由于器材导致的,因此在体育游戏活动开始之前,教师必须检查器材是否有安全隐患。与此同时,在体育游戏准备阶段,教师需要确定活动场地、器材,选择安全的区域,并提供必要的保护措施,如游戏活动中器材之间留出安全间隙。在大型器材的使用中,要给幼儿留出安全区域,以防幼儿之间发生碰撞。

第二节 幼儿体育游戏组织与实施的形式

一、组织幼儿体育游戏的四大基本原则——日常性、适量性、多样性、全面性

1.日常性是指幼儿参与体育游戏的时间应比较合理地分布在其每天的生活当中。在落实这项原则时应该注意以下两点:第一,每天都应组织幼儿进行体育游戏,这样才能逐渐提高幼儿的身体机能,从而促进幼儿的生长发育,经常性地进行体育游戏活动可以使幼儿的性格变得活泼开朗,这对其心理健康是非常有帮助的;第二,注意幼儿一天中动静的交替安排,幼儿体育游戏中也有智力方面的游戏,相对而言活动没那么剧烈,体育游戏动静结合,避免幼儿过多地进行激烈的体育游戏。

2.适量性是指幼儿体育游戏应保证相对适合的运动负荷。运动负荷的大小直接影响幼儿的身体发育,从而影响幼儿参与体育游戏的效果。

3.多样性是指幼儿体育游戏形式的多样。组织多样的幼儿体育游戏可以让多个游戏之间相互补缺,例如,上午进行以上肢运动为主的体育游戏后,下午进行以下肢运动为主的体育游戏,使幼儿的身体得到全面的发展。同时多样性也可以激发幼儿的积极性,避免单一的游戏形式导致幼儿厌烦。

4.全面性是指在幼儿体育游戏中应该考虑如何提高幼儿的力量、速度、平衡等基本身体素质。在制定幼儿体育游戏计划的过程中应该考虑游戏内容和教材的相互搭配与有机结合,考虑多种形式和方法的灵活运用与综合运用。

二、幼儿体育游戏组织中应遵循的规律

1.人体机能变化规律。在运动过程中,人体机能是不断变化的,并且有一定的规律性。刚开始游戏时,机能水平比较低,随着参与时间的增加和强度的上升,机能水平也逐渐上升到较高水平,持续一段时间后开始下降。从变化的规律来看,如何合理安排每一时段的运动内容和运动强度就显得非常重要。

2.动作技能形成的规律。动作技能的形成主要分三个阶段:粗略掌握、改进提高、巩固运用。为了使幼儿能够切实掌握实用、基本的动作技能,在组织体育游戏的过程中要多为幼儿提供学习的机会,但要尽量避免进行单调乏味的重复性动作与练习。

三、幼儿体育游戏实施的形式

1.故事化的情境。兴趣是幼儿参与体育游戏的原动力,有趣的故事可以提升幼儿的兴趣,让他们如置身其中,从而赋予游戏生命,最终达到激励幼儿主动行动并努力完成游戏的目的。

2.器材的创新和多样运用。在体育游戏中,器材是不可或缺的重要组成部分,创造性地使用和摆放各类器材,能创造一个有个性的体育游戏环境。如果利用身边常见的废旧物品来进行器材制作并投入使用,则更能激发幼儿的发散性思维。

第三节　幼儿体育游戏组织与实施的注意事项

体育游戏不同于其他游戏,其活动量相对较大,且多是室外活动,因此进行体育游戏时,要注意以下事项:

一、做好课堂常规工作

活动前,教师要检查活动场地、器材是否存在安全隐患。如遇雨天,体育游戏可安排在室内开展,对于室内的安全隐患更要进行提前的预判和有效的整改。检查游戏器材或周围环境有无保护装置,清点人数,检查幼儿着装以及是否携带危险物品。关注个别体弱、能力差的幼儿,做好个别幼儿的照顾和保护工作。活动中教师应做好分工,照顾好幼儿,尽量避免由一位教师单独组织活动。

二、注意动作和姿势的正确性

姿势正确才能提高动作的质量,达到锻炼目的。在游戏中,幼儿往往会因兴奋而只注意游戏的情节,忽视了动作的准确性,特别是在竞赛性游戏中更易发生此类情况。教师在讲解和示范时,应加深幼儿的印象,特别是小班,需用游戏的口吻说明姿势正确的意义,引起幼儿的注意。例如,在做"老猫睡觉醒不了"的游戏时,幼儿不习惯轻轻走,教师可说:"我的小猫,你们要轻轻地走,才不会把我惊醒呢!"在评定胜负时,姿势的正确与否也应该考虑在内。

三、注意掌握活动量

活动量是指幼儿在体育游戏中,身体所承受的生理负荷量。活动量太小,难以达到锻炼的目的;活动量太大,超出了幼儿身体所承受的范围,对健康不利。教师要根据幼儿生长发育的情况以及动作发展的水平,科学分配、合理安排每次活动的内容。在一节体育游戏课,活动量一般是由小逐渐加大,达到最大后逐渐下降,结束时应恢复到相对平静的状态。运动前心率与课后心率之差为 40~50 次 / 分;运动中平均心率为130~150 次 / 分;心率恢复时间在 5 分钟以内;动作练习密度为 50%~70%;幼儿运动教学的总时间,小班为15~20 分钟,中班为 20~25 分钟,大班为 30 分钟左右。

四、注意运动强度和密度的合理性搭配

为了确保幼儿运动量的合理性,教师需要对教学过程中幼儿运动的强度和密度综合地加以考虑,注意其合理搭配与协调。如果运动强度较大,则运动密度可以适当减小;相反,如果运动强度较小,则运动密度可以适当加大。一般来讲,幼儿运动教学活动中包含几种身体动作的练习或几种不同的活动,这时,需要综合考虑运动强度和密度的合理安排。

五、注意身体各部位全方面协调发展

在一节幼儿运动教学活动课中,身体动作练习的选择应尽可能考虑到幼儿上下肢的结合。例如,选择了跑的动作练习,就不要再选择跳跃,因为它们同属于腿部的动作练习,若两个都选择练习,幼儿腿部的生理负荷就会过大,需要将其中一个改为上肢部位动作练习或全身动作练习等。

六、要求严格遵守游戏规则,保障幼儿安全

严格遵守游戏规则,这是顺利进行游戏、提高动作质量的保证。教师在介绍游戏的玩法时,应强调游戏规则,并将其作为评定胜负的重要条件。教师还要给予幼儿必要的保护和帮助,一方面要及时提醒幼儿注意安全,教幼儿一些自我保护的方法;另一方面应随时对幼儿加以保护,对年龄较小、能力较弱、胆小和动作迟缓的幼儿提供特别关照,对于有特殊疾病的幼儿,更要时刻关注,防止意外的发生。

七、注意季节、气候的特点

在不同的季节、气候条件下,幼儿运动量的安排也应有所不同。例如,在立冬之后,幼儿运动量就可以适当加大,尽量选择一些奔跑或跳跃的动作练习,这样能使幼儿不觉得寒冷;进入夏天,如果条件允许,可尽量选择露天有遮阳的地方进行活动,如树荫下、建筑物的阴影中,以避免幼儿中暑。

第四章　幼儿体育游戏案例

第一节　小班体育游戏

翻滚的海豹

一、游戏目的

1. 锻炼左右翻滚的技巧。

2. 提升左右手相互交替传递物品的能力。

3. 提高身体动作的灵活性和协调性。

二、游戏准备

爬行垫、哑铃、呼啦圈。

三、游戏玩法

1. 幼儿扮演小海豹，躺在爬行垫的一端。

2. 从左手边的呼啦圈内取出哑铃，左手拿着哑铃翻滚至爬行垫的另一端，将哑铃传递给右手，放进右手边的呼啦圈内。

3. 继续翻滚回起始位置，再次进行游戏，直至左手边呼啦圈内的哑铃全部运送完毕。

四、游戏规则

1. 翻滚时不要滚出爬行垫，手上的哑铃不能掉落。

2. 要借用手肘的力量进行翻滚。

五、注意事项

1. 可以将哑铃换成其他物品，如小球。

2. 有条件的话可以加长爬行垫，或者创造"小山丘"，增加游戏难度。

六、图示

（乐清市白石第一幼儿园蒋芷怡、方白茹提供）

彩 虹 列 车

一、游戏目的

1. 能双手抓住海绵棒，跟紧前面的幼儿。

2. 能根据信号灯的指示走或停，及时作出反应。

二、游戏准备

海绵棒、路障。

三、游戏玩法

幼儿利用海绵棒组成一辆彩虹列车，绕过路障向前走。教师出示红、绿两种颜色的信号灯，幼儿根据教师给出的信号灯颜色走或停。

四、游戏规则

1. 幼儿排成一辆彩虹列车，"列车"不能断开。

2. "列车"需要按 S 形路线前行，躲避路障。

3. 关注信号灯，红灯停、绿灯行。

五、注意事项

1. 组成"列车"的人数可以从 2 人开始逐步增加。

2. 路障的间距可以随幼儿能力情况增加或减少。

3. 建议教师伴随口哨声出示信号灯。

六、图示

（乐清市机关幼儿园林凯悦提供）

大　风　吹

一、游戏目的

1. 锻炼团队合作能力和身体协调性。

2. 通过蹲起四散跑提高下肢爆发力。

3. 体会参加体育游戏的乐趣。

二、游戏准备

呼啦圈若干。

三、游戏玩法

1. 幼儿围成一个圈,一、二、三报数,报到二的为"树叶",报到一、三的为"大树"。"树叶"拿一个呼啦圈放在自己的位子上当作"家",并蹲在呼啦圈中,两棵"大树"双手搭在一起。

"大树"和"树叶"三人一组,围成一个圈

2. 游戏开始,教师大喊一声"大风吹",幼儿一起问"吹什么"。

教师说口令:

(1)口令一:"吹树叶"——"树叶"跑,离开原来的呼啦圈,重新找任意两棵"大树"下面的呼啦圈蹲下。

(2)口令二:"吹大树"——"大树"跑,扮演"大树"的幼儿手牵手重新围住一个呼啦圈站立。

(3)口令三:"地震啦"——"大树"和"树叶"四散跑,重新组合,但是身份不能变("树叶"不能变成"大树","大树"不能变成"树叶")。

听到口令三之后迅速重组

3. 下一轮游戏幼儿可互换身份,继续游戏。

四、游戏规则

1. "大树"在换位置的过程中,两个幼儿拉着的手不能松开。

2. "树叶"要跑到不同的呼啦圈内蹲下,"大树"站在不同的呼啦圈两侧,三人组成两棵"大树"和一片"树叶"的小组,才算完成一次重组。等全部幼儿组合完成,教师发布下一个口令。

3. "树叶"与"大树"需跑到另外一个呼啦圈旁重组,不可蹲在原地。

五、注意事项

1. 教师提醒两棵"大树"在奔跑的过程中保持速度一致,避免"裂开"。

2. 教师提醒幼儿四散跑时,避免与他人发生碰撞,并规定幼儿的跑动范围。

3. 场地空旷,无其他障碍物。

4. 教师及时关注幼儿的出汗情况,提醒幼儿补充水分,更换汗巾。

(乐清市机关幼儿园朱烁彤提供)

口香糖大作战

一、游戏目的

1. 能利用身体某一部位灵活地完成任务。

2. 保持身体平衡,提高手脚协调能力。

3. 感受合作游戏带来的快乐。

二、游戏准备

1. 泡沫砖、雪糕筒。

2. 在空旷的场地上放置雪糕筒,设置起点和终点。

三、游戏玩法

幼儿两两组合,站在起点线准备。教师:"我们要把这些货物送到终点,可是调皮的口香糖爱捣乱,它会粘住我们的身体,你们能战胜口香糖,成功运送货物吗?"

教师发布游戏口令:"口香糖,粘手掌!"幼儿两两合作,将泡沫砖放置于两个幼儿手掌中间,手掌紧贴泡沫砖,从起点出发,运送泡沫砖至终点,完成后的幼儿回到队伍末尾等待再次出发。

游戏过程中,教师可以更改口令:"粘屁股""粘肚子""粘头顶"。幼儿听到口令后,就用相应的身体部位合作运送泡沫砖。

四、游戏规则

1. 提醒幼儿身体协调,和同伴合作完成游戏,过程中不能用口令外的身体部位触碰泡沫砖。

2. 游戏过程中如果泡沫砖掉落,需重新回到起点排队出发。

五、注意事项

1. 游戏过程中保持身体平衡,可以选择先从手掌运送开始,逐渐使用更高难度的身体部位进行挑战。

2. 合作的幼儿需要保持大致相同的步伐,熟练后可在起点和终点间增加雪糕筒等障碍物,让幼儿作 S 形绕行,提高挑战难度。

六、图示

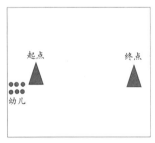    

（乐清市机关幼儿园朱晓哲提供）

嗨！音乐凳

一、游戏目的

借助音乐凳,练习走、跑、跳等基本动作。通过挑战不同高度的跳台,懂得从高处跳落时的自我保护方法,能体验到成功的喜悦,培养勇于挑战的精神。

二、游戏准备

1. 音乐凳若干(围成圈)、长垫子。
2. 用音乐凳搭起两层高与三层高的跳台。

三、游戏玩法

幼儿自由尝试从音乐凳上跳下或用音乐凳搭高后跳下。教师指导幼儿正确向下跳的动作要领,组织集体练习(指导要点:双脚平稳落地,膝盖弯曲,以减少身体的震动,避免伤害)。熟悉技巧后,幼儿前往跳台区进行跳跃,先是两层音乐凳跳台的高度,熟练后再挑战三层音乐凳跳台的高度。师、幼共同纠正个别错误动作。

四、游戏规则

1. 幼儿正确掌握双脚向下跳的动作要领,从跳台上往下跳,随后从垫子的前面撤离。
2. 幼儿自由选择跳台的高度,经受向下跳的勇气挑战。

五、注意事项

1. 幼儿向下跳时,注意双脚平稳落地,膝盖弯曲。
2. 幼儿依次排队从跳台上往下跳,与伙伴保持安全距离,避免发生碰撞。
3. 若跳台高度偏高,教师需在旁边扶稳音乐凳,以便幼儿安全跳下来。

六、图示

(温州市第四幼儿园陈晓颖提供)

小勇士拯救星球

一、游戏目的

探索溜溜布的更多玩法,进一步提升身体协调能力。

二、游戏准备

溜溜布、海洋球、树洞造型的 KT 板。

三、游戏玩法

1. 家长四肢着地撑起身体,形成"山洞",连成一条"隧道"。幼儿排队站在"隧道"起点。教师用游戏的口吻说:"小勇士们,我们必须穿过眼前的山洞,才能取得能量水珠,你们准备好了吗?"幼儿依次手、膝着地爬行,穿过"隧道",取得一个海洋球,再返回原点。

2. 家长面对面站立,拉住溜溜布两边,举至胸前。幼儿依次踏上溜溜布,仿佛在太空中漫步。幼儿保持平衡,通过"太空之路",将海洋球投入"树洞",完成任务。

四、游戏规则

1. 提醒幼儿用手、膝爬行的方式通过隧道,不能直接跑步通过。
2. 如果海洋球未能投入"树洞",则需捡球重新投。

五、注意事项

待幼儿熟悉游戏后,教师可鼓励幼儿探索不同的爬行方式,如匍匐前进、手脚着地爬、"大象爬"等,并探索溜溜布的不同玩法。

六、图示

(温州市第四幼儿园潘彦玮提供)

森林历险记

一、游戏目的

1. 运用毛巾,学习跨、跳、绕、抛接、运送等技能。

2. 体验和小伙伴合作的快乐。

二、游戏准备

每人 1 块小毛巾;毛球 3 筐(贴小动物的头像)。

三、游戏玩法

幼儿利用地上的小毛巾做成各种形状的障碍物,在音乐的变化下,利用跳、跨、绕等方法越过障碍物。当幼儿练习各种动作后进行游戏活动,把毛球视为"小石头",将毛巾做成运送工具,搬运"小石头"。

四、游戏规则

1. 尽量用不同的方法越过障碍物。

2. 在运送"小石头"时,注意要和小伙伴合作一起捏住毛巾的四个角运送,一次只能运送一块"小石头"。

五、注意事项

1. 毛球要多准备一些。

2. 在讲解规则时,一定要用幼儿听得懂的语言,并且要结合情境吸引幼儿的注意力。

六、图示

(温州市第四幼儿园鲁悦提供)

小 兔 送 信

一、游戏目的

1. 锻炼下肢力量和身体平衡能力。

2. 加强前后跳跃的灵活性,提高手眼协调能力。

二、游戏准备

纸巾、椅子、小筐。

三、游戏玩法

幼儿扮演小兔子。"小兔子"要给兔奶奶送一封"纸巾信","小兔子"将信夹在腿上,蹦蹦跳跳出发了。"小兔子"需要保护好自己的"纸巾信",不能让纸巾掉下来,跳着绕过障碍物。到达奶奶家门前时,会有小怪兽来抢"纸巾信",请"小兔子"们注意躲避,成功地将信送到奶奶家。信件送到后,请幼儿将"纸巾信"向上抛起,用手掌夹住,庆祝胜利!

四、游戏规则

1. 提醒幼儿正确使用腿部力量,前后跳动进行躲避。

2. 成功到达目的地后,将"纸巾信"送到下一名幼儿手上,自己排到队尾,继续游戏。

五、注意事项

游戏中要关注幼儿个体差异,可以安排难易不同的赛道,让幼儿根据自己的情况,自由选择赛道进行游戏。

六、图示

（温州市第四幼儿园潘慧慧提供）

保护蛋宝宝

一、游戏目的

1. 掌握运送波波球的动作技能,锻炼上肢力量。

2. 在保护蛋宝宝的情境中激发快乐运动的意识,体验运动的快乐。

二、游戏准备

人手一个波波球;小狗、小白兔、小猪等卡通图片若干。

三、游戏玩法

用木桩和若干椅子在场地上布置两条路线,终点处为幼儿园的滑滑梯。

幼儿扮演小鸡,每人拿一个波波球,教师以游戏的口吻说:"'小鸡'们,我们一起带着'蛋宝宝'去散步吧!"幼儿依次带着波波球去散步,经过森林探险、过独木桥、爬高山等重重障碍,最后将"蛋宝宝"送回家。

四、游戏规则

1. 提醒幼儿双脚分开,双手放在波波球上,轻轻地进行运输。

2. 在遇到障碍物时,要慢慢地、轻轻地通过,注意避让,保护"蛋宝宝"的安全。

五、注意事项

1. 在通过障碍物时,教师尽量用紧张的语气营造氛围,加强幼儿的代入感。

2. 待幼儿熟悉游戏后,可在情境中增加如老虎、狼的声音,引导幼儿听到声音马上抱紧"蛋宝宝"。

3. 提供三种不同高度的独木桥,让幼儿自主选择进行游戏。

4. 在放松活动时,可采用"蛋宝宝"的口吻,进行呼吸冥想。

六、图示

(温州市第八幼儿园潘晓群提供)

第二节　中班体育游戏

饲　养　员

一、游戏目的

1. 进行左右手投掷练习,提升动作的准确性及目测能力。

2. 提高灵敏性、奔跑能力与协调能力。

二、游戏准备

废纸篓 4 个、小木房 1 幢,每人 2 个纸球。

三、游戏玩法

1. 饲养员学本领:幼儿扮演"饲养员",每人左右手各拿一个纸球作为"饲料"。"饲养员"们围成圆圈,在圆圈中间放一个废纸篓,"饲养员"们左右手分别向废纸篓中投"饲料",投完后各自捡回自己投出的"饲料",继续投,看谁投得准。

2. 到农场喂小猪:"饲养员"们来到代表"农场"的小木房前面,排成 4 列纵队后依次进入"农场",钻过"农场门"—跳过"小河"—投"饲料"给代表"小猪"的轮胎—跑出"农场"。后面的"饲养员"依次到"农场"喂"小猪"。

3. 放松活动,结束游戏。

四、游戏规则

左右手各投 1 次,能力弱的可越过投掷线投。

五、注意事项

看准"小猪"再投,不要着急。

六、图示

(乐清市白石第一幼儿园张若秋、徐冰佳提供)

天黑来寻宝

一、游戏目的

1. 在游戏中提高观察能力、专注力和反应力。

2. 通过折返跑提高身体协调能力和下肢爆发力。

3. 在数"宝物"的过程中锻炼口头数数能力。

4. 在获得"宝物"的过程中体会参加体育游戏的乐趣。

二、游戏准备

低结构材料若干（自制报纸球、纸杯、沙包、积木等幼儿可单手拾起的物品，作为"宝物"）、1块垫子、4个筐。

三、游戏玩法

幼儿分成四组在操场一侧的横线后站成一排，"宝物"集中放置于操场中间，教师站在幼儿的对面。

游戏开始时，教师或一名幼儿大喊一声"天黑了"，并躺在垫子上背对幼儿，模拟天黑的情景。

教师或幼儿躺在垫子上，其他幼儿在横线后等待

幼儿在听到"天黑"指令后出动，尽可能拾起操场中间的"宝物"。

天黑了，幼儿拾起操场中间的"宝物"之后立刻转身"回家"

一段时间后，躺着的教师或幼儿起身，大喊"天亮了"，并转身追捕，幼儿带着"宝物"立刻跑向横线后方，并将"宝物"放到自己小组的筐中。

天亮了，"抓捕者"转身开展"抓捕"

每组幼儿清点自己的"宝物"，"宝物"多的组获胜

重复折返"寻宝"，直至"宝物"拾完为止，筐中"宝物"最多的小组为获胜方。

四、游戏规则

1. 幼儿被"抓到"后，需将"宝物"送回原处。

2. 只有在躺着的教师或幼儿起身说"天亮了"后，幼儿才可以往回跑，教师或那名幼儿才可以转身追，但不得追已过横线的幼儿。

五、注意事项

1. 教师提醒幼儿在转身奔跑的过程中注意躲避其他幼儿，避免发生碰撞。

2. 教师提醒幼儿拾"宝物"的时候，不要与其他幼儿发生争抢。

3. 场地空旷，无其他障碍物，并规定幼儿的跑动范围。

4. 教师及时关注幼儿的出汗情况，提醒幼儿补充水分，更换汗巾。

（乐清市机关幼儿园施卓希提供）

疯狂动物城

一、游戏目的

通过走、跑、跳、钻等多种方式提高身体素质和机能,体验闯关成功的快乐。

二、游戏准备

1. 轮胎、轮胎架、平衡木组合、攀爬架、高凳、矮凳。

2. 在场地上搭建材料,要注意搭建难易的组合与路线中间分支的组合,避免幼儿在游戏过程中消极等待。

三、游戏玩法

欢迎幼儿们来到"疯狂动物城"。"动物城"中有许多小动物,请幼儿自主选择,并根据所选小动物的特征来完成闯关游戏(闯关游戏的路线不做强制要求,幼儿可自主选择)。教师以游戏的口吻说:"疯狂动物城的朋友们,你们准备好了吗? 开始!"小朋友根据自己所选的动物做相应的动作,并爬上攀爬架—走过平衡木(平衡木可以斜放)—滑下滑梯—保持不掉落走过轮胎—快速通过轮胎架。路线中间有一些由凳子、轮胎、攀爬架组合的分支路线,若幼儿出现消极等待的情况,教师可引导其更换路线。

四、游戏规则

1. 在过平衡木时,要求尽量走过去,而不是爬过去。

2. 在走轮胎时要提醒幼儿不要掉落,一定要双脚踩在轮胎上通过。

五、注意事项

1. 若条件允许,教师可以用平衡木的组合来搭建分支路线。

2. 幼儿熟悉游戏后,教师可以提高难度,如改变平衡木放置的高低及倾斜度。

3. 可以再开辟一条入口进行分组比赛,让幼儿在游戏时更有积极性。

六、图示

（乐清市机关幼儿园应洁提供）

抛啊！抛馒头

一、游戏目的
在练习投掷的过程中学会相互合作，培养协调性，体验游戏的快乐。

二、游戏准备
彩色网，自制沙包（人手 8 个沙包做的"馒头"），小动物挂饰 4 幅，并悬挂在一定高度。

三、游戏玩法
教师创设情境：小猪盖了一间新房子，它心里很高兴，想抛馒头来庆祝一下，我们去帮它取馒头吧！幼儿两两一对分别抓住彩色网的四角，面对面站好，将沙包放在网中央，两人同时将沙包抛起。接着，幼儿们喂"小动物"们吃馒头，幼儿们距离小动物挂饰 1 ~ 2 米，排队依次将馒头抛到小动物嘴巴里，并念歌谣《抛馒头》。投掷成功后，欢呼"抛馒头了，抛馒头了"，并捡回沙包，排到队伍后面。

歌谣《抛馒头》：

第一个馒头抛过东，东边小兔接住了，吃了我的馒头，身体长得胖又壮。

第二个馒头抛过西，西边小猴接住了，吃了我的馒头，身体长得胖又壮。

第三个馒头抛过南，南边小猫接住了，吃了我的馒头，身体长得胖又壮。

第四个馒头抛过北，北边小羊接住了，吃了我的馒头，身体长得胖又壮。

四、游戏规则
1. 幼儿排队依次进行投掷，抛出后就捡回沙包并排到队伍后面，等待再次轮到。
2. 教师在游戏过程中注意引导幼儿积极合作，寻找投掷的要点。
3. 随着游戏的不断推进，可改变小动物挂饰的高度和朝向。

五、注意事项
1. 课前让幼儿自制彩色网和沙包，以使幼儿对游戏活动更感兴趣。
2. 小动物挂饰悬挂高度视幼儿的能力而定。
3. 幼儿熟悉游戏后，可鼓励幼儿分组进行比赛。

六、图示

（乐清市机关幼儿园万婉倩提供）

翻滚吧！烤红薯

一、游戏目的

培养翻滚能力,锻炼身体平衡性和协调性,体验体育游戏的乐趣。

二、游戏准备

1. 垫子若干(设置成三组,作为"烤箱")。

2. 烤箱烤熟的音效、欢快的轻音乐。

三、游戏玩法

幼儿扮演红薯,自由尝试翻滚动作,教师引导幼儿说出翻滚的动作要领。教师总结正确动作并组织幼儿进行集体练习,教师巡回指导(指导要点:双手双脚伸直,腹部用力,目视终点翻滚)。幼儿熟悉动作后,分组沿直线进行翻滚比赛,让自己身体的正反两面都接触到"烤箱",师、幼共同纠正错误动作,最后进行"烤红薯比赛",提升翻滚速度。

四、游戏规则

1. 幼儿尝试通过翻滚的方式在"烤箱"内烘烤,让身体各部位接触到"烤箱"。

2. 一个幼儿完成翻滚,下一个幼儿才能进入"烤箱"翻滚。

3. 幼儿分组进行"烤红薯"比赛,运用翻滚的方式,沿着直线进行快速翻滚游戏,比比哪一组"红薯"最快烤熟。

五、注意事项

1. 幼儿为追求速度可能会采用错误的翻滚方式,如双手双脚蜷缩在胸前翻滚等。教师要及时提醒幼儿采用直体翻滚的方式。

2. 由于翻滚的速度不同,幼儿容易与同伴发生碰撞,教师应提前向幼儿强调规则,即一个幼儿完成翻滚下一个幼儿才能进入"烤箱"。

3. 幼儿可根据自身的能力水平,在游戏过程中自主调整翻滚的速度。

六、图示

(温州市第四幼儿园林书玮提供)

蚂蚁特工队

一、游戏目的

模仿蚂蚁利用手脚在地面上自由爬行,可侧爬、过障碍爬行等,提升爬行能力以及参加体育活动的兴趣。

二、游戏准备

人手1个蚂蚁头饰、路障若干。

三、游戏玩法

幼儿扮演蚂蚁特工自由爬行,教师指导正确的动作要领并组织幼儿集体练习,教师巡回指导(指导要点:双手双脚碰地,膝盖离开地面,双眼目视前方)。熟悉动作后,幼儿通过正向爬行、横向爬行等方式分批次爬行躲避由教师扮演的"食蚁兽"。师、幼共同纠正个别错误动作。

四、游戏规则

1.幼儿集体搬运路障放置到空位并运用新学的本领,通过自由爬行的方式查看"食蚁兽"有没有藏在附近。

2.幼儿分组竞赛,运用新学的爬行本领,按照固定路线通过教师设置的路障。

五、注意事项

1.幼儿在爬行过程中为了追求速度可能会采用错误的爬行方式,如屁股翘起来爬等,教师要提醒幼儿以正确的姿势爬行。

2.在爬行过程中,每个幼儿的速度、节奏不同,容易发生碰撞,教师要及时干预。

3.幼儿可根据自身的能力水平,在游戏过程中自主选择爬行方式。

六、图示

(温州市第四幼儿园王风范提供)

勇闯冒险岛

一、游戏目的

1. 根据情境,运用空气棒构建相应的障碍,探索一物多玩的妙趣。

2. 提高跳跃、钻、爬、接抛等能力。

3. 激发创造性思维能力、合作沟通能力,体验亲子互动游戏带来的乐趣。

二、游戏准备

人手1根空气棒、岛上的"宝藏"(运动健将金牌)、不同的背景音乐。

三、游戏玩法

教师说明游戏规则:"大朋友、小朋友们,你们听过冒险岛吗?冒险岛上藏着许多宝藏,可是要登上冒险岛,途中会遇到很多阻碍,你们有没有信心勇闯冒险岛?出发前让我们一起来动一动吧!"

家长排成两队面对面站好,每两位家长配合将彩色空气棒组成 V 形或倒 V 形,幼儿依次跨跳而过或钻爬而过。可以分两队比赛,看哪队通过得更快,动作更标准。

四、游戏规则

1. 提醒幼儿用跳跃、钻、爬、接抛等动作,要一个跟着一个过,不推不挤不抢先。

2. 提醒幼儿在游戏过程中注意自我保护。

五、注意事项

1. 熟悉游戏后,家长还可运用创意,将彩棒搭成各种形状,提高游戏难度。

2. 活动结束后播放轻音乐,亲子间做放松运动,如相互捶背、捏肩、捏腿等。

六、图示

(温州市第四幼儿园周笑玲提供)

怪 兽 来 了

一、游戏目的

1. 学习投掷的基本要领，能在瞄准以后用力投掷。

2. 增强手臂力量，锻炼身体协调性。

二、游戏准备

报纸球、怪兽牌子，场地上贴上红、绿色线条。

三、游戏玩法

幼儿们站在线条划出的安全区，教师以游戏的口吻说："小勇士们，你们都做好击败怪兽的准备了吗？开始！"幼儿用刚学会的投掷方式将手中的报纸球用力地向怪兽牌子扔去，击倒"怪兽"，获得胜利。第二轮游戏加大难度，可以请个别幼儿扮演怪兽。

四、游戏规则

1. 提醒幼儿用刚学习的投掷方法：手肘弯曲从后向前用力扔；提醒幼儿站在安全区，瞄准后进行投掷。

2. 一轮游戏结束后，将投掷出去的报纸球捡回放入筐中再进行第二轮游戏。

五、注意事项

准备的报纸球数量要足够多。

六、图示

（温州市第四幼儿园李冉提供）

第三节　大班体育游戏

玩转大轮胎

一、游戏目的

1. 探索轮胎的各种玩法,掌握基本技能,发展身体动作。

2. 一物多玩,体验创造性地玩轮胎的乐趣,发挥想象力与创造力。

3. 培养合作意识。

二、游戏准备

轮胎若干。

三、游戏玩法

1. 听教师口令进行热身运动。

2. 让幼儿自由开展游戏,探索轮胎的奥秘。

3. 教师提问:轮胎只有一种玩法吗? 还有什么玩法?

4. 幼儿提出新的玩法,教师挑选其中可实现的并加以优化。

（1）方案一:翻滚吧,轮胎。将轮胎平放在地面上,幼儿用双手将轮胎向前翻动,设置起点与终点,比赛翻滚轮胎的速度。

（2）方案二:我推轮胎向前走。将轮胎立在地面上,同样运用双手稳住轮胎慢慢向前行进,设置起点与终点,比赛推动轮胎前进的速度。

（3）方案三:我走轮胎桥。将轮胎横放在地面上,搭出独木桥的造型进行游戏,幼儿通过轮胎"独木桥",过程中双脚落地则为失败,需要回到起点重新开始。

（4）方案四:传送大轮胎。需要双人合作进行,将一个较大的轮胎抬起,并按规定路线运送轮胎。一分钟内运送轮胎多的获胜。

5. 引导幼儿探索合作玩轮胎的方法,培养幼儿的合作意识。

（1）幼儿以 2~3 人为一组自由组合,进行多人合作探索。

（2）请幼儿相互交流,分享合作进行游戏的方法。

（3）各组幼儿根据前面的交流心得,做自己喜欢的游戏。

6. 结束游戏,做放松运动。

四、图示

（乐清市白石第一幼儿园施金娟、钱汝哲提供）

采 荷 叶

一、游戏目的

培养平衡性和协调性,提高模仿能力,磨炼克服困难的意志。

二、游戏准备

竹扁担、竹篮、装满水的矿泉水瓶(上面贴上荷叶图案)、跨栏、平衡木、梅花桩、呼啦圈。

三、游戏玩法

幼儿分成2组,扮演采荷叶的人,每人拿一根扁担和两个竹篮,教师发口令:"开始采荷叶啦!"幼儿挑着空竹篮从起点出发,走过平衡木,来到跨栏处,把"荷叶"(装满水的矿泉水瓶)装进竹篮,再过梅花桩,把"荷叶"运到终点(呼啦圈处),最后挑着空竹篮回到起点。游戏可重复进行。

四、游戏规则

1. 提醒幼儿挑竹篮时竹篮两边要保持平衡,不能用手扶着竹篮。
2. 如果竹篮从扁担上掉落,则需捡起竹篮后回到起点重新排队参加游戏。

五、注意事项

幼儿能熟练地挑竹篮后可加大游戏难度,如增加障碍物等。

六、图示

(乐清市大荆镇第一幼儿园金红丽提供)

冲啊！特种兵

一、游戏目的

1. 学习匍匐前进,增强上、下肢的力量。

2. 进行综合练习活动,培养平衡、协调能力。

二、游戏准备

地雷若干(易拉罐中装沙并封口,每组 4 个)、弹药若干(大号塑料瓶中灌满水)、手榴弹若干(沙袋)、矮墙 4 座(泡沫砖)、小山洞(拱门)3 个、隔网 1 张、敌人头像 2 个、竹爬梯 1 个、轮胎 2 个。

三、游戏玩法

幼儿扮演特种兵,匍匐前进过"电网"(隔网),连续绕过"矮墙",排除"地雷",拿着"地雷"过"小山洞"后放在箩筐里,爬过"草地"(竹爬梯横放在两个轮胎上),将"手榴弹"投向"敌人",快速跑回来。游戏可重复进行两次。

四、游戏规则

1. 匍匐前进过"电网"时,要提醒幼儿身体贴近地面,用手和腿的力量爬,让身体整体前进。在过程中需要又快又不碰"电网",若碰到"电网",需从头开始。

2. 拿着"地雷"过"山洞"的过程中,要保护好"地雷",不能掉落。

五、注意事项

1. 可以提供不同重量的"地雷"和"手榴弹","敌人"的距离也可以适当调整。

2. 幼儿熟悉游戏后,可鼓励幼儿进行团队比赛。

椅子大作战

一、游戏目的

根据教师指令快速抢占目标,提高动作协调性和敏捷性;通过情境式比赛体验游戏带来的挑战,感受合作的喜悦。

二、游戏准备

1. 椅子若干。

2. 场地内画有起点线与终点线。

三、游戏玩法

幼儿扮演"战士",在场地内进行"军事演习",抢占目标位置:在教师的口令下,"战士"们迅速寻找前方的椅子并坐下,成功坐下的"战士"获得胜利。

四、游戏规则

1. 幼儿有了初步的抢椅子经验后,教师逐步减少椅子数量,加大难度,提升幼儿的敏捷性。

2. 幼儿合作进行比赛,多人共同抢占一张椅子并叠坐在一起,最快、最稳坐下的一组幼儿获得胜利。

五、注意事项

1. 起跑时注意游戏规则,不能超过起跑线。

2. 奔跑抢占目标的过程中,幼儿容易发生碰撞、争抢的现象,教师应引导幼儿正确看待输赢。

3. 团队协作时,教师应适当引导幼儿思考协作要领。

六、图示

(温州市第四幼儿园杨凌琼提供)

快乐的小螃蟹

一、游戏目的

1. 练习快速侧跑步,体验侧跑步时的步伐,提升动作协调性与灵敏性。

2. 能在单人快速侧跑步的基础上尝试与同伴合作进行双人侧跑步持物走,感受与同伴合作同步侧跑步的动作要领。

3. 乐于参与活动,体验合作的快乐。

二、游戏准备

1. 大小不等的球若干、收纳筐 6 个。

2. 布置跑道,设置起点和终点。

三、游戏玩法

幼儿扮演小螃蟹,两两一组用身体夹着一个球,站在起点。教师以游戏的口吻说:"你们知道螃蟹是怎么走路的吗?今天我们来帮助小螃蟹把泡泡运到河对岸去吧。"教师发令:"小螃蟹们我们出发吧。"各组幼儿用侧跑步的方式合作把球运到河对岸。

四、游戏规则

1. 幼儿两两一组用侧跑步的方式前进,可以用不同的方式夹住球。

2. 如果球掉落或者没有用侧跑步的方式前进,需要从头再来。最先到达的小组获胜。

五、注意事项

1. 教师需要提醒幼儿用侧跑步的方式模拟螃蟹走路。

2. 可以引导幼儿用不同的方式夹球,如背对背、面对面等。

3. 幼儿熟练掌握后可以适当增加难度,如由两人一组变为多人一组。

六、图示

（温州市第四幼儿园马澄澄提供）

快乐运圈圈

一、游戏目的

1. 两人协调一致地运送呼啦圈,体验合作的快乐。

2. 锻炼身体协调性,培养合作意识。

二、游戏准备

呼啦圈、障碍桩、口哨。

三、游戏玩法

幼儿分两队,队员两两一组,面对面将呼啦圈用腹部相互顶住,双手背在身后。在教师发出"开始"的口哨声后,两组幼儿各自向障碍桩出发,要通过障碍桩到达终点。如果在运送过程中呼啦圈掉落,需回到起点重新开始。一组幼儿结束后跑回起点和下一组幼儿击掌,下一组幼儿即可出发。最快完成的队获胜。

四、游戏规则

1. 不可用手触碰呼啦圈,注重用腹部发力,两两配合,相互合作运送。

2. 运送过程中呼啦圈一旦掉落,需要回到起点重新开始。

五、注意事项

该游戏需要注意幼儿参与的人数。

六、图示

(温州市第四幼儿园陈舒畅提供)

冒 险 岛

一、游戏目的

1. 尝试利用双手抓握攀越桌子,锻炼上肢力量,提高耐力和协调性。

2. 尝试运用多种方法完成任务,培养不怕困难的品质。

二、游戏准备

桌子若干张,垫子若干个。

三、游戏玩法

教师用小岛主人的口吻说:"小朋友,今天带你们闯关冒险岛,你们准备好了吗? 闯关开始!"第一关——闯关斜面岛(桌子倾斜摆放),幼儿用手抓住桌面,双脚蹬着攀越通过。第二关是闯关悬崖岛(桌子直立摆放),幼儿用手臂支撑着攀越通过。第三关是逃离冒险岛(设置不同角度的桌面),闯关后则挑战成功。

四、游戏规则

1. 提醒幼儿用上肢力量攀越桌面。

2. 如果中途掉落,则需回到队尾,重新排队挑战。

五、注意事项

1. 不时提醒幼儿在攀越过程中注意安全,并适当提供保护。

2. 斜放、竖放的桌子一定要稳固,避免游戏过程中翻倒。

六、图示

(温州市第四幼儿园张伊泓提供)

消防员训练营

一、游戏目的

1. 巩固匍匐前进的动作,学习仰面贴地爬绳的动作要领。

2. 在情境游戏中增强身体核心力量,锻炼动作协调性。

3. 乐于参与游戏,培养坚强、勇敢、不怕困难的精神。

二、游戏准备

溜溜布、绳子、地垫、玩偶、轮胎、消防员背心。

三、游戏玩法

幼儿扮演消防员,站在起点。教师以游戏的口吻说:"欢迎大家来参加消防员训练营,我们先进行热身活动。"随后教师发口令:"小动物们被困在了山上,我们要去营救它们,准备好了吗?"幼儿匍匐前进,通过低矮路段;经过有绳子的隧道时依次用仰面贴地的爬绳方法到达火灾现场,营救小动物后回到安全地带。重复游戏时难度升级,可增加翻越山坡环节(攀爬通过挂在墙上的轮胎)。

四、游戏规则

1. 幼儿分成两队从起点出发,遇到不同路段用不同的方法前进。

2. 营救小动物后回到安全地带。

五、注意事项

1. 教师需要提醒幼儿在有绳子的路段要用仰面贴地爬绳的方法。

2. 幼儿在攀爬过程中注意保护自身安全。

3. 幼儿在救援山坡后的小动物时,要根据自身情况选择是否翻越山坡;教师可鼓励幼儿勇敢参与,但要适当提供防护。

六、图示

(温州市第四幼儿园虞瑶瑶提供)

超 级 飞 侠

一、游戏目的

1.尝试用不同的身体部位携带纸砖在大型玩具上进行平衡、攀爬等动作练习,锻炼身体的协调性和平衡性。

2.知道遵守游戏规则且有序行进才能更好地开展游戏,体验与同伴合作的乐趣。

二、游戏准备

大型玩具若干,每人1块纸砖,活动场地上画好搭建房子的方形区域。

三、游戏玩法

幼儿扮演超级飞侠,每人拿1块纸砖站在起点,教师以游戏的口吻说:"超级飞侠们,今天你们的任务是不用手把纸砖运到目的地来搭建房子,准备好了吗?"教师发口令:"超级飞侠出发吧!"幼儿依次用身体的不同部位携带纸砖穿过大型玩具,把纸砖运到目的地搭建成建筑物。可重复进行游戏两次。

四、游戏规则

1.提醒幼儿全程不能用手触碰纸砖,只能用身体的其他部位携带纸砖。

2.如果纸砖掉落,要捡起来退回出发点排队重玩。

五、注意事项

提醒幼儿遵守游戏规则,不推、不挤,有序行进,使游戏顺利开展。

六、图示

（温州市第四幼儿园斯亦心提供）

给长腿奶奶送水

一、游戏目的

练习用双腿夹物跳跃,发展向上跳的能力,锻炼弹跳力与动作协调性。

二、游戏准备

装满水的废旧水瓶人手1个,呼啦圈、木条和低跨栏若干。

三、游戏玩法

教师交代游戏故事背景:长腿王国很特别,那里的人们腿又长又灵活,而且非常有力量,所以他们都用双腿做事,而不使用双手。在游戏中,幼儿扮演送水队员给家中停水的长腿奶奶送水。

玩法一:幼儿要完成通关测试才能获得进入长腿王国的资格。通关测试为双手背在身后,用双腿夹着水瓶从地上画的红线处送到蓝线处。

玩法二:"去往长腿奶奶家的路上有很多掉落的树枝,挡住了去路,你们可以完成这个艰巨的任务吗?"教师创设游戏情境并利用呼啦圈、木条、低跨栏等材料增加跳跃高度,幼儿在跳越障碍物的同时,用双腿夹的方式送水。

四、游戏规则

1.幼儿必须手背在身后,不能使用双手帮助运送,如果犯规,需要重新从起点开始游戏。

2.如果水瓶掉落,可以用手捡起水瓶继续游戏。

五、注意事项

游戏过程中,教师注意观察,指导幼儿双腿夹水瓶的位置。

六、图示

（温州市第四幼儿园孔清清提供）

爬 水 管

一、游戏目的

学习各个方向的手、膝着地爬,提高身体动作的灵活性和协调性。

二、游戏准备

面条棍、水管若干。

三、游戏玩法

幼儿扮演蜘蛛侠,坐在圆圈上听教师讲解图谱。教师以游戏的口吻说:"蜘蛛侠们,今天我的水管有点复杂哦! 你们有信心闯关成功吗?"随后教师发口令:"蜘蛛侠们,准备,开始!"音乐开始,幼儿要从中间的水管出发,用手脚着地的方式向前爬,到分岔路时选择自己喜欢的一边变成螃蟹式横爬,最后变成手脚着地式地向后退。通关的"蜘蛛侠"回到圆圈上坐好。

四、游戏规则

提醒幼儿手脚着地爬时膝盖不可碰到地面,手脚着地后退时一定要低下头来从两条腿的中间向后看方向。

五、注意事项

1. 有条件的话可以在较光滑的地面上游戏。
2. 幼儿熟悉游戏后,可以鼓励其想出更多的爬行方法进行游戏。

六、图示

(温州市第四幼儿园潘梦慧提供)

厨师烤香肠

一、游戏目的

锻炼钻、爬的能力，培养身体的协调性和敏捷性，体验合作游戏带来的快乐。

二、游戏准备

地垫两人一份。

三、游戏玩法

幼儿两人一组，一人当"厨师"，一人当"香肠"，将地垫作为烤箱合作进行游戏。"厨师"在游戏过程中进行跨走及钻爬，"香肠"在游戏过程中或翻转身体，或将身体变成山洞，"厨师"可以进行钻爬。重复若干次后，可对换角色再进行游戏。

四、游戏规则

1. 游戏中，"香肠"双手抱紧身体，双脚并拢，保护自己。
2. "厨师"在烤"香肠"的过程中进行跨走，不能跨跳，注意安全。

五、注意事项

1. 三个垫子连在一起，可以连续烤三根"香肠"。
2. 熟悉游戏规则后，可以进行个人烤"香肠"和团队烤"香肠"比赛。
3. 教师要提醒幼儿，不要踩踏到小伙伴。

六、图示

（温州市第八幼儿园黄婷婷提供）

夺宝特工队

一、游戏目的
1. 练习并提高运球、停球和控球的能力。
2. 在游戏中学会观察并培养反应和决策能力,感受游戏的快乐。

二、游戏准备
每人1个足球,另外准备20个足球、4个三角桶,圆盘、马甲、口哨若干。

三、游戏玩法
幼儿扮演小小特工,身上马甲的颜色分别代表4个国家,红色是火之国,黄色是土之国,蓝色是水之国,绿色是山之国。

玩法一:争夺中心区宝藏。教师以游戏的口吻说:"小小特工队们,中间的宝藏——能量球(足球)会让你们充满能量,变得更强大。请你们回到自己的国家,口哨声一响,小小特工们就到中间用脚把能量球护送回自己的国家,一次只能护送一个球。哪个国家的能量球多就强大,就是胜利者。我们来试试吧!"幼儿一听到口哨声,就到中心区用脚控球,将球运送回相应的"国家"即可。结束后统计足球数量,数量多的组获胜。

玩法二:宝藏争夺混战。教师以游戏的口吻说:"有的国家能量球很少,怎么办? 原来还可以去其他国家争夺能量球!"之后教师讲述玩法:"还是从中间区带能量球回去,但是之后我们还可以去其他国家争夺那里的能量球,如果别人来争夺你们的球,你们也可以留在自己国家守护,但是不能相互碰触身体,你们可以商量一下哦。准备好了吗?"

四、游戏规则
1. 提醒幼儿可以用脚内侧控球。
2. 在争夺足球时,强调幼儿之间不能有肢体接触,强行抢球、有肢体接触的话会被黄牌警告。

五、注意事项
1. 在幼儿互相争夺能量球时,可以建议其进行队内讨论,商讨如何守护好自己区域内的球,同时去争夺其他区域的球。
2. 幼儿熟悉游戏后,可以尝试减少中心区的足球,提高游戏难度,增强游戏的趣味性。

六、图示

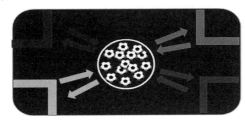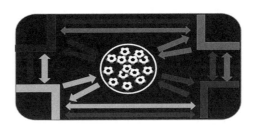

（温州市第八幼儿园陈美琦提供）

第五章　幼师体育游戏案例示范

跑，跑，跑

一、游戏目的

1. 提高反应能力。

2. 缓解压力，放松心情。

3. 提高想象力和身体素质。

二、游戏准备

计时器。

三、游戏玩法

1. 一名幼儿在指定位置背对其他幼儿，其他幼儿在安全区等候。

2. "游戏开始"指令下达后，记录员按下计时器（一轮游戏时间为5分钟）。

3. 安全区的幼儿们问："动物园里有什么？"背对着的幼儿说出动物名称，全体幼儿都要模仿该动物的动作或声音（反应慢、向前进、动作或声音与该动物不符者进惩罚区）。

4. 当背对着的幼儿说到"狼"时，或者有人拍了背对着的幼儿三下，其他幼儿都要往安全区跑（到达安全区内才算安全，未到达者淘汰）。

四、图示

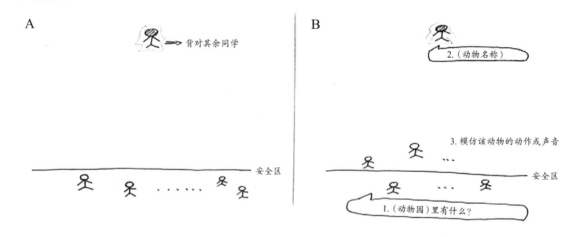

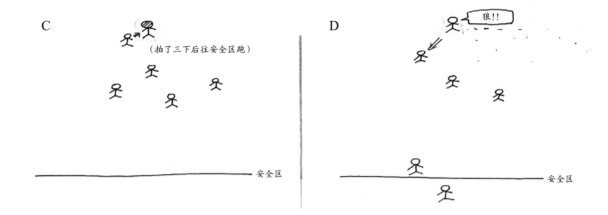

五、游戏点评

1.游戏内容的设计形象、生动,非常适合幼儿。

2.游戏中的提问设计得也非常好。

3.幼儿的积极参与让游戏更加有趣味性。

4.好的游戏能够让参与者积极投入。

5.游戏规则简单,操作性强。

（章密迦提供）

猫 捉 老 鼠

一、游戏目的

锻炼反应能力与下肢力量。

二、游戏准备

排球。

三、游戏玩法

选出一名幼儿当"猫",其他人为"老鼠",在一个画线区域以及围绕该区域所画线上进行游戏。"猫"可在区域内活动,而"老鼠"只能在区域边线上活动,"猫"要去捉"老鼠",捉到的"老鼠"则变成"猫"。2 只"猫"必须手牵手去捉"老鼠"。当"猫"的数量达到 3 只及以上时,"猫"必须手拉手把"老鼠"圈住才算捉住(可一次捉住多只"老鼠")。当"老鼠"的数量只剩下 6 只时,"老鼠"可得到一次将"猫"变为"老鼠"的机会,同时场内增加几个排球,"老鼠"可趁"猫"不注意时,拿排球砸"猫",被砸到的"猫"则变成"老鼠"。

当"老鼠"或"猫"一方的数量少于 3 只时,就算失败。

四、图示

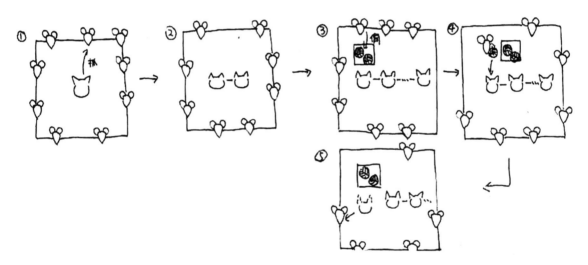

五、游戏点评

1. 本游戏改编自经典的捕鱼游戏,经过改编,游戏更具可玩性和趣味性。

2. 本游戏对于人数的控制也非常合理。

3. 本游戏可锻炼幼儿的灵活性,提高幼儿的团队合作能力。

(薛静雯提供)

闯　三　关

一、游戏目的

锻炼反应能力与下肢爆发力。

二、游戏准备

无。

三、游戏玩法

1. 幼儿分为两队,每队 11 ~ 12 人。

2. 其中一队的幼儿为守关者,另一队的幼儿为闯关者。

3. 守关者派 8 人来守关,剩下的 3 ~ 4 人当裁判,守关者只能在画有"田"字形线条的场地上,踩着线条移动。

4. 闯关者需要通过三个关卡来取得胜利,过关的标准是不被守关者触碰到身体。

5. 如果有人出现抱人或其他犯规行为,则被判出局。

四、图示

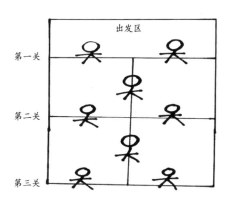

五、游戏点评

1. 分组使两组幼儿展开对抗,采取逐一通关的方式让所有的幼儿都有很强的取胜欲,从而达到有效锻炼的效果。

2. 不需要器材,组织方便。

（孙佳琪、陈欣提供）

仙女教案之天方夜谭

一、游戏目的

强身健体、提高个人素质,通过相互配合,培养团队合作意识,激发团队协作能力。

二、游戏准备

瑜伽球若干、长条木棍若干、大扑克牌 1 副、一次性杯子若干、水若干。

三、游戏玩法

1.全班分成 2 组,进行 3 个游戏。

2.游戏一——前胸贴后背运球:每组幼儿前后依次站立,利用前胸和后背夹球,跑到终点用时短者获胜。如果中途球掉落,需要回到原点再出发。不可用手碰球。

3.游戏二——双脚走木棍:2 组用木棍分别把各自的成员送至终点,每次被运送的成员嘴里叼着一杯水,到达目的地后将水倒入桶中,积累水量多的一队获胜。

4.游戏三——最强大脑:幼儿前后排列,跑到目的地翻开扑克牌,翻开顺序为 1—13(K)。若顺序对,不用翻回去;若顺序不对,需翻回去。每人翻一次,击掌换人。

四、图示

五、游戏点评

1. 第三个游戏可以不分组进行。由于规则简单,无须作过多讲解,幼儿可以快速理解如何进行游戏。用到的器材也非常简单,只需要一副扑克牌。

2. 从整体上来说,三个游戏设计的各个环节都比较精彩,都可以单独进行活动。

（陈蒙蒙、项瑞乐提供）

城 堡 攻 防

一、游戏目的

锻炼反应能力、下肢力量、团队合作能力。

二、游戏准备

无。

三、游戏玩法

1. 将全班分成两队。两队相距约30米,各自划定一块区域作为本方的城堡,本方说的话不能让对方听到。在双方"城堡"中间相距5米处画两条线,作为各自的进攻发起线。双方在自己的"城堡"各自商量好准备做的"剪刀石头布"动作及先后顺序,然后前行至进攻发起线准备,听口令"三、二、一,开始",然后同时做动作。

3. 赢的一方开始追赶输的一方,输的一方则开始尽力逃回本方城堡,在回到本方城堡前被赢方任何人碰到身上任何部位即成为对方的俘虏。等逃的一方未被俘虏的人员全逃回本方城堡后,获胜方带着俘虏回到本方城堡。然后双方重新商量后开始新一局游戏。当一方全体被俘虏后,对方获胜;或在规定时间内,人多方获胜。

4. 如果第一次"剪刀石头布"动作出得相同,则按事先商量好的次序继续做动作,因此事先要商定3～5个动作。分出胜负后再次游戏。

四、图示

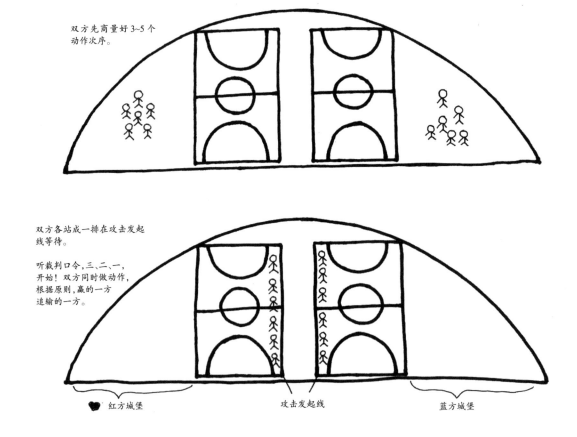

双方先商量好3~5个动作次序。

双方各站成一排在攻击发起线等待。

听裁判口令,三、二、一,开始!双方同时做动作,根据原则,赢的一方追输的一方。

红方城堡　　　　攻击发起线　　　　蓝方城堡

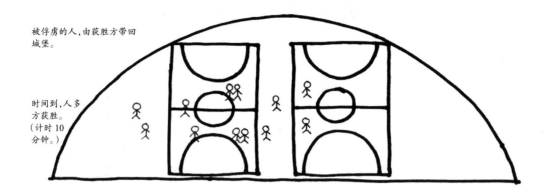

五、游戏点评

1. 此游戏把原本跑步训练中枯燥乏味的转向跑练习变得非常有趣,"剪刀石头布"的加入令其增加了不确定性,锻炼了幼儿的反应能力。

2. 幼儿为了保护自己的阵营,会尽力地奔跑回己方营地,体现了团队精神。

（周安淇、褚彬如提供）

青蛙"呱"，虫子"爬"

一、游戏目的

锻炼反应能力、身体协调能力、上下肢力量、团队合作能力。

二、游戏准备

无。

三、游戏玩法

全班分成两组，一组为"虫子"，另一组为"青蛙"。

"虫子"组全部进入场地，"青蛙"组派出2只"青蛙"，单脚进入场地。开始时，"青蛙"可以捉"虫子"，"青蛙"碰到"虫子"任意部位，"虫子"即算被捕，离开场地，不能参与本场游戏。

若"青蛙"双脚落地则算失败，离开场地，"青蛙"组再派一只"青蛙"上场捕捉"虫子"。"青蛙"不能单脚在场地内休息，停留超过三秒则出局。若"青蛙"或"虫子"踩到场地边的线，也视为出局，离开场地。

若"虫子"全部被捕捉，则"青蛙"获胜；若"青蛙"全部出局，还有"虫子"在场地里，则"虫子"获胜。本轮游戏结束后，两队身份互换，开始新一轮游戏。

四、图示

五、游戏点评

保证了全员的参与和合适的运动量。

（黄宇萌、林婵提供）

一二三鬼出没

一、游戏目的

提升平衡力、反应力、记忆力、凝聚力。

二、游戏准备

无。

三、游戏玩法

1. 全班分成两组,两组各推选一名幼儿为"大鬼",教师在两组分别秘密指定一名幼儿为"小鬼"。小鬼需对对方保密自己的身份。

2. 游戏开始,幼儿们从起始线向"大鬼"移动并找机会拍"大鬼",当"大鬼"喊"一二三鬼出没"时,所有人可随意移动;当"大鬼"转过来后,所有人需保持单脚站立并静止。"大鬼"要指出未摆出规定动作并保持静止的幼儿,被指出的幼儿返回起始线重新开始。

3. "小鬼"的任务是在比赛开始后,当"大鬼"转过身时,去抱对方组员,被抱住的人淘汰。当"大鬼"转过来后,"小鬼"一样要遵守摆出规定动作并保持静止的规则。

4. 游戏为两局,两组所有人参加。在重新分组后,有一分钟的时间记住自己的队员及敌方队员。

5. 当有 5 个人拍到"大鬼"后,该局游戏结束。

6. 两局都结束后,视"小鬼"淘汰的敌方队员人数为胜负标准,多则胜。

四、图示

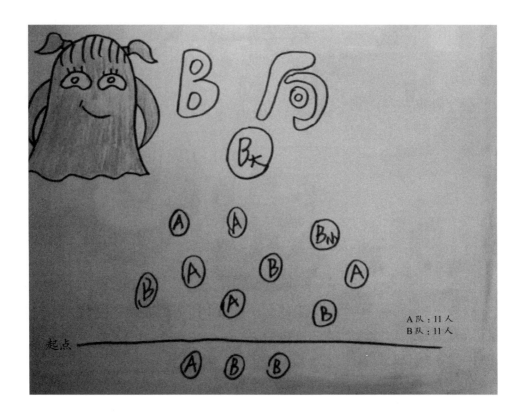

五、游戏点评

1. 策略性相对比较强,需要"小鬼"跟队友之间的配合才能抓到更多的人。

2. 运动量较小,主要锻炼了平衡性和团队合作能力。

（蔡仪蒙、吴心怡提供）

策力群雄、老狼老狼几点钟

一、游戏目的
锻炼手部力量、手眼协调能力、团队协作能力、灵活性、方向感、平衡能力、反应能力、耐力。

二、游戏准备
2 张桌子、4 双一次性筷子、20 粒黄豆、4 个水杯、1 根短绳、6 个透明一次性水杯、4 张长条凳、2 个水桶、2 个乒乓球、2 条一次性毛巾、14 个路障、1 个喇叭、2 根接力棒。

三、游戏玩法
1. 游戏一——策力群雄。全班分成 2 队,队内每 2 人为 1 组,根据接力闯关模式先完成所有项目的队伍获得优胜:

(1)夹豆子:每组每人夹 5 颗黄豆,从装有黄豆的水杯中夹到另一个空杯中。必须每人夹 5 颗,超过 5 颗视为犯规,需要重新夹,2 人夹完后进入下一关。

(2)双人跳绳:每组一起跳绳 20 下,跳满 20 个便可以进入下一关。

(3)接球过桥:每组一名幼儿 A 先过一个板凳,同时用双手夹着水杯。另一名幼儿 B 需要双手夹紧水杯从水桶中拿一个乒乓球放到水杯里,并夹着装有乒乓球的水杯过板凳,将乒乓球倒入幼儿 A 的水杯中。幼儿 A 接过球后夹着水杯再走一个板凳,下了板凳之后将乒乓球倒入终点的水桶,球在中途掉落则该环节需重来。整个过程中 2 人一直用手夹着水杯,直到整个关卡完成。

(4)蒙眼过路障:每组一名幼儿 A 用毛巾蒙上眼睛,背起另一名幼儿 B,幼儿 B 在幼儿 A 背上指挥幼儿 A 根据指定路线依次绕过路障到达终点。

(5)木头人:教师所在位置为终点,幼儿到达终点并与教师击掌。终点摆放一根接力棒。每组一名幼儿玩"一二三木头人",来到终点与教师击掌后拿取接力棒回到起点交给另一名幼儿,另一名幼儿也完成"一二三木头人"并与教师击掌后游戏结束。

2. 游戏二——老狼老狼几点钟。作为"羊"的幼儿手拉手围成一围,距离作为"狼"的幼儿 7 米左右,"狼"蹲下用双手蒙上眼睛。"羊"朝"狼"喊"老狼老狼几点钟","狼"回答"×点钟"。根据"狼"所说的 × 点钟,"羊"群相应地朝"狼"走 × 步。当羊用手拍到"狼"的背部视为"羊"胜利,前提是"狼"还未"开饭"。当"狼"在羊拍他背之前说"开饭了",并在半分钟内抓住两只"羊",视为"狼"胜利(裁判会在"狼"喊完"开饭"后开始计时)。若"狼"在半分钟内只抓住一只"羊"或没有抓住"羊",则视为"羊"胜利。

四、图示

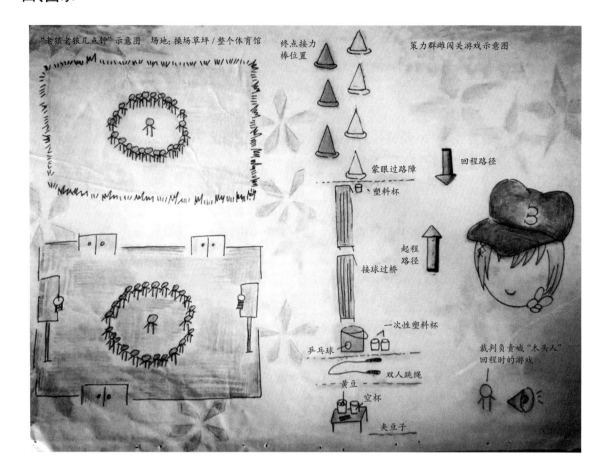

五、游戏点评

1. 最大的亮点是创设思路比较新颖。

2. 可提炼出其中一个游戏进行精编。

3. 幼儿参与密度低,运动强度不够。

（邱彬慧、戴铭洁、姜雨芯提供）

保 卫 鸡 蛋

一、游戏目的

团结合作。

二、游戏准备

软排球 1 只。

三、游戏玩法

1. 一个班分两组,各有一人为"鸡蛋",另一人为"保卫者"。

2. 裁判把软排球扔进场地后,所有人开始抢夺软排球,得球者用软排球砸人,只能砸下半身。砸中对方"鸡蛋"则"鸡蛋"所在组整组淘汰,砸中"保卫者"不会被淘汰。"保卫者"要负责保卫"鸡蛋"不被砸到。越出场地线的小组淘汰。

3. 留到最后的小组为获胜组。

四、图示

五、游戏点评

1. 对抗性游戏是大班幼儿相对比较喜欢的游戏,能更好地凸显自身能力。

2. 用软排球砸人的过程中需注意安全,一定要遵守游戏规则。

（章彬彬、陈贝诺提供）

我 是 歌 手

一、游戏目的

提升身体柔韧性,锻炼身体灵活性,培养团队合作能力。

二、游戏准备

绳子、口哨、鼓、音箱、喇叭、垫子、栏杆、球服。

三、游戏玩法

1. 游戏一——过栏杆。全班分成2队,每队选2个人,手牵着手一起钻过栏杆,若碰到栏杆则重新开始。

2. 游戏二——对号入座。全班分成2队,每队选2个人,根据教师报的号码穿上对应号码的队服,每个人身上穿好5件即可进入下一关。

3. 游戏三——跳绳传球。全班分成2队,每队选2人甩绳,另选3人跳绳,跳绳的3人中,第一个人抱球在跳绳途中传到第二人手中,第二人再传给第三人,即可进入下一关;若传球途中球落地则重新从第一人开始传。

4. 游戏四——猜歌比赛。总共猜3轮。全班分成2队,每队选2人进行猜歌比赛,教师放一段音乐,参赛者等击鼓后进行抢答,说出歌名和歌手,若参赛者击鼓后猜错或猜不出,则将从第一轮重新开始。

四、图示

游戏一

游戏二

游戏三

游戏四

五、游戏点评

1. 注意游戏二中穿衣服环节,要求幼儿爱护公物,不能随意丢弃衣服。

2. 建议设计让更多的幼儿参与游戏的每一个环节。

（陈俐、邱成如提供）

保 卫 萝 卜

一、游戏目的

提高团结合作能力,以及短时间内的反应能力。

二、游戏准备

16 个篮球、3 个呼啦圈。

三、游戏玩法

1. 全班分为两组,每组有 8 个篮球作为"萝卜",安静地躺在指定区域内。各组成员既要保护好自家的"萝卜",也要去抢对方的"萝卜",放进自家的筐内。每组可分配两位队员去守护"萝卜"。

2. 每组会有两张"淘汰券",不可重复使用。在游戏过程中可以在暗处将"淘汰券"递给自己组内的成员,选择适合的时机将"淘汰券"贴到敌方的后背,被贴"淘汰券"的幼儿视为被淘汰,须离开场内。

3. 游戏时间 5 分钟,时间到后看哪一组的"萝卜"更多,多者获胜。

四、图示

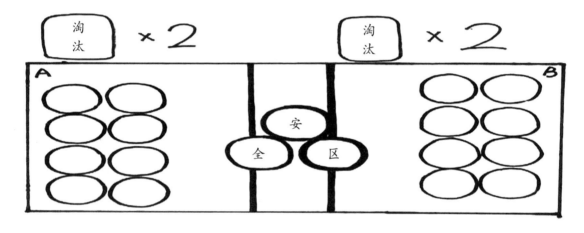

五、游戏点评

游戏组织颇严密,但被淘汰的队员是否可从重新设计,修改规则,让他们有机会重新参与游戏?

（陈嘉露、木芊然提供）

泡　泡　糖

一、游戏目的

增强同伴间的合作能力和集体意识,锻炼快速反应能力。

二、游戏准备

排球、障碍物。

三、游戏玩法

两人一组,身体部分相连(如胳膊连胳膊、后背贴后背、大腿贴大腿),相连部分不能分离。小组听到指令后出发,绕过障碍物拿取放在最后的排球,哪一小组用的时间最少则获胜。

四、图示

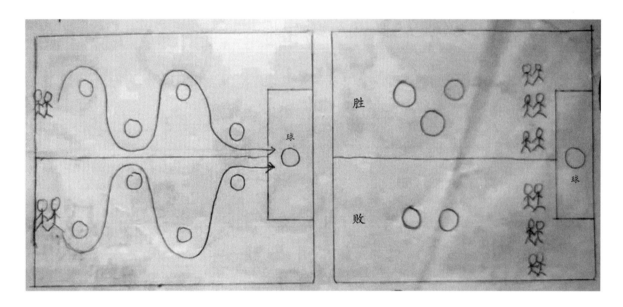

五、游戏点评

1. 组织者充分利用教具,获得了较好的教学效果。

2. 讲解游戏时,队形组织非常重要。

（项鑫鑫提供）

宝贝大闯关

一、游戏目的

提高合作能力、身手敏捷度和反应能力。

二、游戏准备

羽毛球。

三、游戏玩法

1. 先将幼儿分为两组,两组人数相同,再从每组中各挑出一半的人加入对方。

2. 原先分组后的幼儿为防守方,交换后加入的幼儿为进攻方。

3. 地上画有线条若干。防守方站在线上,只能在线上移动,双脚若有一只移出线外则被淘汰;进攻方站在起点。游戏开始后,进攻方冲到放有羽毛球的目标位置,过程中被防守方碰到则被淘汰。进攻方成功到达目标位置拿到羽毛球再成功跑回原点则算一次进攻成功。

4. 双方同时进行比赛,哪队进攻方拿回的羽毛球多则获胜。

四、图示

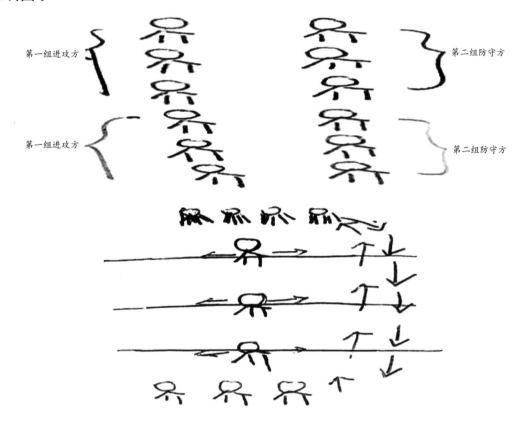

五、游戏点评

1. 游戏逻辑简明,幼儿应能较快掌握。

2. 两队同时进行,场面可能会有点混乱,需注意加强管理。

(林澳思、王惠云提供)

数字独木桥

一、游戏目的

锻炼平衡能力、肢体协调能力、团队合作能力、组织能力。

二、游戏准备

长条凳 4 条。

三、游戏玩法

1. 将幼儿分成两组,每组 10 个人

2. 先按①—⑩的顺序站在"独木桥"(长条凳)上,再按指定顺序进行调换。

3. 若在游戏过程中幼儿从"独木桥"上掉落,则要回到掉落处继续游戏。

4. 两组同时进行游戏,累计用时少的那一组胜利。

5. 游戏从易到难顺序如下:

第一关:①②③④⑤⑥⑦⑧⑨⑩→②①④③⑥⑤⑦⑧⑩⑨

第二关:①②③④⑤⑥⑦⑧⑨⑩→⑤②③④①⑩⑦⑧⑨⑥

第三关:①②③④⑤⑥⑦⑧⑨⑩→⑩②③④⑤⑥⑦⑧⑨①

第四关:①②③④⑤⑥⑦⑧⑨⑩→⑩⑨⑧⑦⑥⑤④③②①

四、游戏点评

趣味性强,练习密度也较大。

(郑璐茜雅提供)

跑跑大作战

一、游戏目的
训练体能,锻炼反应能力和部署能力。

二、游戏准备
排球。

三、游戏玩法
1. 全班分成两组,一组为闯关者,另一组为防守者。闯关者从起点出发,沿着赛道一直跑到安全区域,再原路返回。防守者在赛道周围用排球砸闯关者,被砸中的闯关者淘汰。若有闯关者成功跑回起点,则闯关者小组获胜,防守者失败。反之,若闯关者全被球击中淘汰,则防守者获胜。

2. 闯关者不能跨越赛道的边界,不能踩线。

3. 闯关者可以用手接住排球,也可以将排球抛至远处,让防守者去捡,使自己有更多的时间闯关。

四、图示

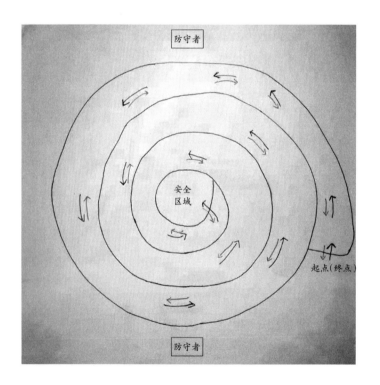

➡️:进攻路线

➡️:返程路线

说明:若闯关者进入安全区域,即使被球砸中也不影响游戏结果。

五、游戏点评
防守者的人数和排球的数量可以根据实际情况进行调整。

(潘晓群提供)

定时炸弹之警察抓小偷

一、游戏目的
培养身体的灵活性,增强体质。

二、游戏准备
气球、橡皮筋、名牌、色号箱。

三、游戏玩法
1. 挑出 4 名幼儿担任裁判员。

2. 其余幼儿每人拿橡皮筋在两只小腿踝关节处都绑上气球,一人一色。

3. 教师给每名幼儿发放名牌。

4. 幼儿们手拉手围成一个圈,等待游戏开始。教师从色号箱中抽取颜色,等到背景音乐停止,报出此颜色。脚上绑有此颜色气球的幼儿变成"小偷",其他人变成"警察"。在接下来的 40 秒内,"警察"去踩"小偷"的气球。若"小偷"的气球被踩掉,此"小偷"即被淘汰,把名牌交给踩掉他气球的"警察"。

5. 每轮游戏 40 秒。每两轮游戏中可适当让幼儿休息一段时间。

6. 总共进行 5~10 轮游戏,名牌数最多的幼儿获胜。

四、图示

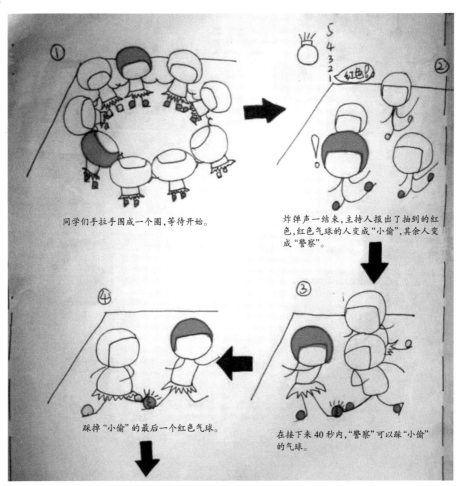

同学们手拉手围成一个圈,等待开始。

炸弹声一结束,主持人报出了抽到的红色,红色气球的人变成"小偷",其余人变成"警察"。

在接下来 40 秒内,"警察"可以踩"小偷"的气球。

踩掉"小偷"的最后一个红色气球。

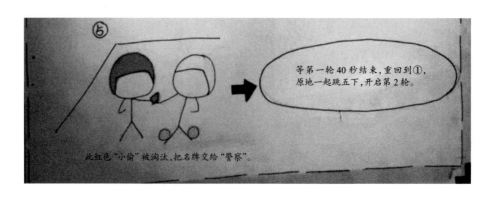

此红色"小偷"被淘汰,把名牌交给"警察"。

等第一轮40秒结束,重回到①,原地一起跳五下,开启第2轮。

五、游戏点评

娱乐性强,但器材的准备和最后的整理比较烦琐。

(尤瑞丹提供)

奔跑吧，报纸

一、游戏目的

锻炼快速奔跑的能力与身体协调性，提高团队合作能力。

二、游戏准备

报纸。

三、游戏玩法

1. 将幼儿分成两组，分别站在指定的位置排成两纵列。当教师说"开始"后，幼儿们按顺序将报纸放在胸前快速跑过指定跑道，然后迅速将报纸揉成团并用脚控制，以"S"形绕过障碍物来到篮球架下，将报纸团捡起后投进篮球框内。

2. 不可用其他方法或外力来帮助完成任务。若中途报纸掉落，要捡起报纸回到掉落的地方放在胸前重新奔跑；若报纸团踢飞了，要踢回原地按指定跑道继续前进。

四、图示

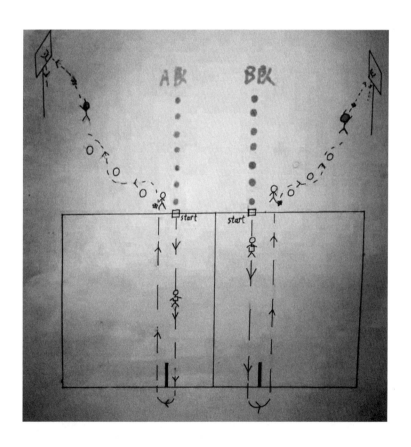

五、游戏点评

1. 教学器材使用率高，游戏路线设定合理，运动量较大。

2. 游戏设计难度适中，适合参与者的范围较大。

（陈刘敏提供）

蒙眼老鹰捉小鸡

一、游戏目的

锻炼奔跑能力、指挥能力、反应能力。

二、游戏准备

眼罩。

三、游戏玩法

将幼儿分成两组,每组各选出一人蒙上眼睛作为"老鹰"站在第一个位置,再各选出一人作为"母鸡"站在第二个位置,其余则是"小鸡"。两组面对面站立,游戏开始。"母鸡"指挥蒙眼者去抓另一组的最后一个人,同时带队躲避,以防自己的"小鸡"被抓。小组最后一人被抓住,则其被淘汰,游戏继续。5 分钟后,哪组人多则获胜。

四、图示

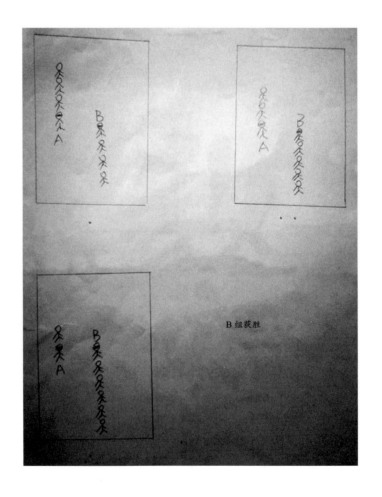

五、游戏点评

"老鹰"蒙眼与不蒙眼的"老鹰抓小鸡"游戏所呈现的效果完全不一样,这会让幼儿对这个游戏有新的认识。

（林李素提供）

保 卫 水 滴

一、游戏目的

锻炼团队合作能力,提高平衡、弹跳、反应等能力。

二、游戏准备

一次性水杯若干、长绳 2 根、水桶 2 个、长条凳 2 条。

三、游戏玩法

幼儿们分为两组,同时进行比赛。教师播放音乐,活动开始。两组幼儿在赛前各推选四位队员分别担任摇绳手和第二关游戏的指挥手。游戏开始时,双方剩余队员各端一杯水到第一关进行跳绳(一次跳 3~5 个),其间需尽量不让杯子里的水洒出。然后进入第二关过独木桥,这时第二关的裁判员会说:"一,二,三,看这边!"队员将头转向与裁判员所指方向相反的方向,之后再继续前进,通过独木桥就算过关,此时把水杯中剩余的水倒入水桶。音乐结束时终止游戏,哪队水桶中的水多,即获胜。

四、图示

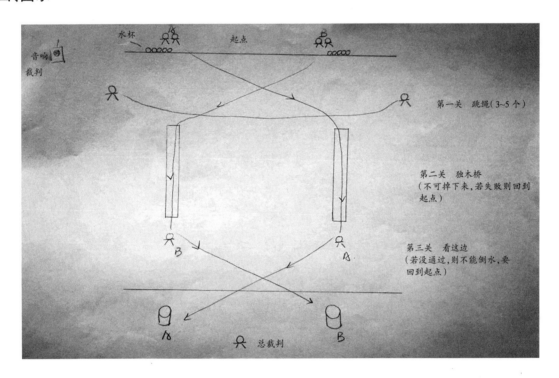

五、游戏点评

1. 分组的组织方式不建议采用自由搭配,尽量合理安排能力强弱者组队。

2. 场地洒水后幼儿容易滑倒,要注意安全防护。

(缪丽琦提供)

揪　揪　揪

一、游戏目的

培养团结协作的能力,体验合作的乐趣。

二、游戏准备

一卷垃圾袋。

三、游戏玩法

幼儿将一个垃圾袋当作"尾巴"别在裤子上,然后每三人为一组,各组选定一人作为组长,由组长带领组员在规定场地内揪掉其他组幼儿的"尾巴",被揪掉"尾巴"的幼儿被淘汰,离开游戏。最后未被淘汰的人所属的小组获得胜利。

四、图示

五、游戏点评

1.游戏要想赢,对策略和身体素质要求很高。

2.注意幼儿相互切勿过分拉扯,否则易受伤;垃圾袋需要回收再利用。

(刘怡人、颜超唯提供)

仙女抢绣球

一、游戏目的

锻炼手臂力量,增强团队协作意识,提高反应能力。

二、游戏准备

软排球。

三、游戏玩法

1.抽签选出 2 名幼儿担任"仙女",站在由其余幼儿围成的圆圈中。

2.准备一个软排球,幼儿用手传递,可以隔空远抛,也可以邻近传递。

3.以传递 15 次为一轮,若"仙女"未能在 15 次传球中抢到球,则将接受惩罚。

4.若球在抛或传递的过程中被"仙女"抢到,则由最后一次碰过球的幼儿与"仙女"互换位置及身份,继续游戏。

四、图示

▲ ：同学

★ ：仙女

● ：软排球

五、游戏点评

1.总体运动量不大,但对于"仙女"来说是对反应能力的考验。

2.可让抛球幼儿适当增加一些运动动作来提高整体的运动量,如抛球幼儿做原地高抬腿或者后踢腿等动作。

（黄沂、陈沐汐提供）

嘟 嘟 嘟

一、游戏目的

提高记忆力,考验团队合作的默契度,提高身体素质,锻炼听力。

二、游戏准备

纸片、秒表。

三、游戏玩法

1. 全班分为 3 个队,每队给队员分发颜色不同的数字卡片(0、1、2、3、4、5、6……),每位队员将卡片贴在衣服上。

2. 全班在场地中围成圈,音乐开始,每队给另一个队指定动作(要契合音乐)。

3. 音乐结束,每个人原地"大象摸鼻"转圈,在转圈的同时,裁判报一些数字,报完数字后,全体停止转圈。

4. 转完圈后大家开始寻找自己的队友,并按照裁判所报数字的顺序排列,随后跑到教师面前,手挽手串成"人链"并发出"嘟嘟嘟"的打电话声音。

5. 最快串成"人链"的一组获胜。

四、图示

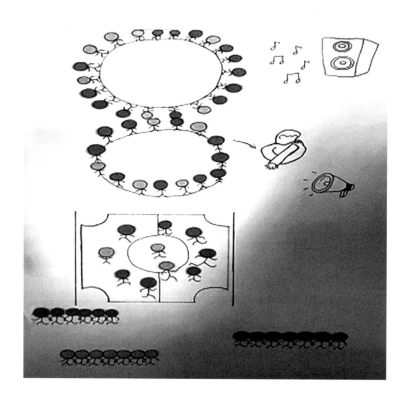

五、游戏点评

该游戏主要考验团队协作的能力,每个人在游戏的过程中都有自己的角色,都是游戏不可或缺的一部分。在幼儿熟悉游戏节奏之后,可适当变换游戏形式,增加游戏难度。另外,在游戏的过程中,裁判要注意提醒幼儿遵守游戏规则,若出现破坏游戏规则的情况,要给予明确的惩罚,帮助幼儿树立规则意识。

(谷樱怡、蔡梓馨、应幸恬提供)

不要让球最后在你手上

一、游戏目的

锻炼耐力、反应能力,学会团结合作,知道人员分配的重要性。

二、游戏准备

软排球 2 个。

三、游戏玩法

全班分为 2 组,可以在场地内随意活动。每组开始时各有 1 个软排球,音乐响起,持球者拿球砸人,被砸中者必须拿起排球,3 秒之后才可以再次扔出,音乐结束时手里拿着排球的人被淘汰。游戏反复进行多次,最终被淘汰人数少的队伍获胜。最后一秒扔出去砸到别人视为无效。

四、图示

五、游戏点评

1. 在幼儿适应 1 个球的节奏后,可以适当增加难度,比如增加球的数量。

2. 两组要有明显的标志区分,以便辨认。

3. 在游戏期间可以引导幼儿组织战术进攻,体会团队合作,而不是漫无目的地乱砸。

4. 音乐的选择要符合游戏的情境。

(洪璇典、金铭、王昊宇、侯译超提供)

守水瓶大作战

一、游戏目的

锻炼冲刺能力以及反应能力,锻炼互相配合的意识,在玩乐之中产生友谊。

二、游戏准备

水瓶、弹力绳。

三、游戏玩法

1. 全班幼儿分成 3 组,其中 1 组守水瓶,其余 2 组进攻。在场上放置由 2 根弹力绳围成的 1 个小圈,2 个水瓶放在小圈内。进攻方靠将水瓶踢出弹力绳范围获得分数,防守方则在规定时间内根据所守住水瓶的数量来获得分数。

2. 一局游戏时间为 4 分钟,3 组轮换当防守方。防守方可以抓人,被抓住的人必须离开场地后才能再次返场。一局游戏结束后,防守方根据场上剩余的水瓶数量加分,每个水瓶得 1 分。

3. 进攻方的人若出了游戏规定的场地范围则视为进入安全区,防守方不得去安全区抓人。防守方只能有 1 个人站在弹力绳圈外进行防守,且这个人不可展开双臂干扰弹力绳圈内的人。

四、图示

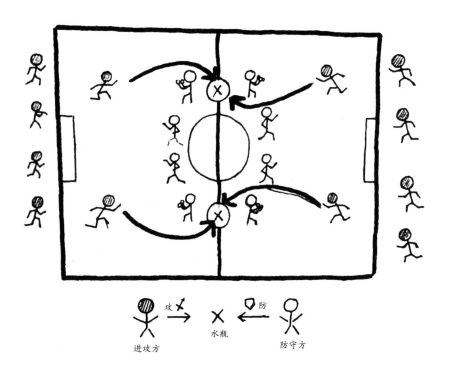

五、游戏点评

通过该游戏,幼儿体验到在小组合作的条件下攻克难关获得胜利的愉悦,培养了团队合作精神。另外,在本组游戏中幼儿担任的角色多变,既有进攻方,又有防守方,可以让幼儿有多样的游戏体验。

(郭子辉、谢作嘉、计逸枫提供)

纸牌翻翻乐

一、游戏目的

提升团队协作能力,锻炼大腿的肌肉群,提升手脚协调能力,体验输赢带来的不同感受与团队荣誉感。

二、游戏准备

100 张正反面不同颜色的纸牌、松紧带。

三、游戏玩法

将幼儿分为两组,每组代表一种颜色。两组分别站在足球场两边的球门内,两两成对,用松紧带分别将两个人的左右脚绑在一起。两种不同色纸牌各 50 张,随意散落在足球场内。每轮计时 3 分钟,每队派出 10 人(5 对)上场拾取与自己队所代表色相同的纸牌。前进的方式随场次的变化而变化,例如,第一局为蛙跳,第二局为单脚跳,第三局为跑步前进。3 分钟后游戏结束,裁判清点各组不同颜色纸牌的数量,数量多的组获胜。

四、图示

五、游戏点评

该游戏难度和强度都比较大,幼儿需进行一些练习,方可顺利完成游戏,建议根据实际情况适当调整难度与强度,并务必要做好赛前热身,避免受伤。

(周佳仪、夏楠、潘梓慧、李姿莹提供)

抓 小 鸡

一、游戏目的

提升团队协作力,提升反应能力。

二、游戏准备

计时器。

三、游戏玩法

1.全班幼儿相互间隔1米,围成一个圈。教师随机指定一个人开始喊口号"孵孵孵小鸡,抓不到就要飞",这个人说第一个字再随机指定下一个人。说第二个字,如此最后一个说"飞"的人和其右手边的幼儿为负责"抓"的人,其余人即为"小鸡"。

2.担任"抓"的幼儿迅速分散抓捕"小鸡",被抓到的"小鸡"加入"抓"的队伍,等"抓"的人数达到4个时,所有"抓"的人要手拉手围成一个"网",去抓捕剩下的"小鸡"。

3.在抓捕的过程中如果"抓"的人的手没拉住,断"网"的两个人在游戏结束后将受到惩罚。同时,如果"小鸡"在逃跑过程中跑出了指定区域,也将受到惩罚。

四、图示

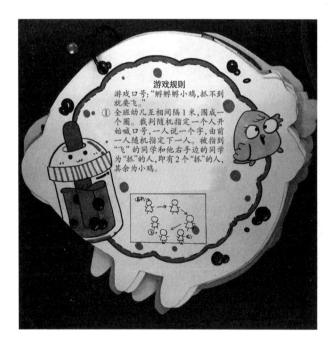

五、游戏点评

1. 该游戏能有效利用场地,活动过程流畅。

2. 符合体育游戏要求,较适宜幼儿活动量。

（钱旭彬、方沐怡、胡欣怡、葛雅慧、周品莹、南宇倩提供）

你 追 我 救

一、游戏目的

全面发展速度、力量、灵敏度、耐力等身体素质。提高判断时间、空间的能力,发展思维、判断力、记忆力和创造力,提高对外界环境的适应能力,培养活泼愉快、开朗合群的个性和团结互助、勇敢顽强、机智果断等心理品质。

二、游戏准备

软排球。

三、游戏玩法

1. 将幼儿分成人数相等的甲、乙、丙、丁 4 个队,分散站在正方形场地内。

2. 游戏开始,甲队队员追逐乙队队员,乙队队员追逐丙队队员,丙队队员追逐丁队队员,丁队队员追逐甲队队员,采取双脚跳的方式追逐。

3. 追逐中,队员既要追逐被追逐者,也要防止被别人追逐,被追到的人自动站到场地中间的一个小圆圈内,等待本队队员来营救(本队队员以手触其身体即为营救成功),被营救者可出圈继续游戏。

4. 其间,教师随机向场地内扔排球,被砸中的队员自动站在小圆圈内,且无被队员营救的资格。游戏结束后,站在小圆圈内队员最少的那一队获胜。

四、图示

五、游戏点评

1. 游戏设计适合学前教育。

2. 游戏富有趣味性,若有情境创设,则更具吸引力。

（胡若雪、陈韩莹、黄蓉提供）

球球大作战

一、游戏目的

发展速度、灵敏、耐力等身体素质；培养活泼开朗的性格，培养集体意识、竞争意识、合作交流能力和肢体协调能力。

二、游戏准备

软排球若干、障碍物若干。

三、游戏玩法

1. 每组 6 人进行游戏。

2. 第一关的参赛幼儿站在白线后面，将排球夹于大腿内侧，学大猩猩走路，绕过障碍物至第二关，将排球放至第二关参赛幼儿背部。

3. 第二关 2 位幼儿双手抱头，背靠背夹球，手不能碰球，球不能落地，走至第三关。

4. 第三关 3 人 3 球，以球为连接点围成一个圈，转圈前行，直至终点。

5. 多组同时进行，最先到达终点的小组获胜。

四、游戏点评

1. 游戏内容适合幼儿年龄段。

2. 运动量适中，适合幼儿的运动负荷；游戏设计合理，并且能合理利用器材。

（蓝舒乐、杜逸、章乐怡、王文雯提供）

高角帽接力跳跳跳

一、游戏目的
锻炼下肢力量,考验柔韧度和反应能力,训练方向感和团队协作能力,增强团队意识。

二、游戏准备
高角帽、跳跳球、长绳、圆环。

三、游戏玩法
全班分成 3 组,每组中的 5 名幼儿负责高角帽,另外 6 名幼儿负责跳跳球(两两组队,一人跳一人辅助),每组在各自的场地同时开始游戏,采用计时的方法决定最终的胜负,最先完成的小组获胜。

游戏包括"高角帽过杆""跳跳球"两部分,用起点①、长绳、起点②这三条线作为界线。

游戏开始后,1 号高角帽幼儿"大象摸鼻"转 5 圈,从起点①出发前往长绳所在的位置,下腰过长绳后,第一组跳跳球幼儿从起点②出发,跳过长绳后与 1 号高角帽幼儿互换位置,继续向起点①前进,过起点①后,2 号高角帽幼儿以与 1 号高脚帽幼儿同样的方式出发。以此类推。直到最后两个高角帽幼儿转满 5 圈后,拉着圆环一起前进。在行进的过程中圆环不能掉,下腰过绳后,摘掉帽子,跑过起点②,两人都过线就算完成游戏。

四、图示

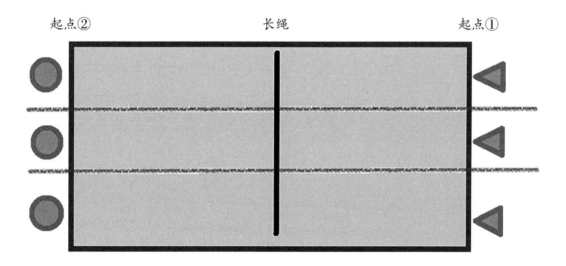

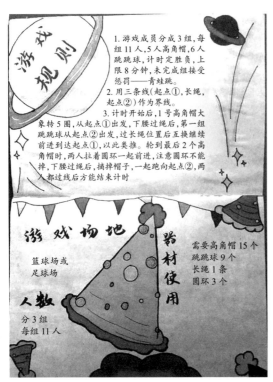

五、游戏点评

1. 充分利用场地,因地制宜,活动场地规划布局合理。

2. 游戏材料安全卫生、简单易取。

3. 游戏材料与运动目标、内容相匹配。

(陈佳瑶、张子璐、高建霞、黄晨颖、谢心怡、胡欢瑶提供)

大球儿子和小球爸爸

一、游戏目的

培养合作能力和手脚协调能力。

二、游戏准备

乒乓球、排球、纸袋、筐。

三、游戏玩法

1. 全班分成 4 组,每组内幼儿两两组队。

2. 组队两人同时朝一个方向转 5 圈,转完后两人互相用后背夹住乒乓球移动到指定地点。

3. 两人将球放至袋内,轻拍袋子,将球吹离袋口,飞进筐内。若球掉落,则回到起点重玩。拍袋子时手不能触球,每人拍三次。

4. 两组中,乒乓球入筐多的那组获胜。

5. 乒乓球熟练后换成排球再进行游戏。

四、图示

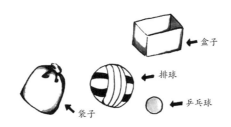

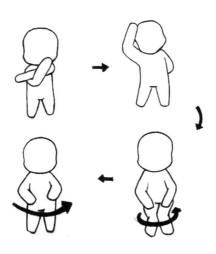

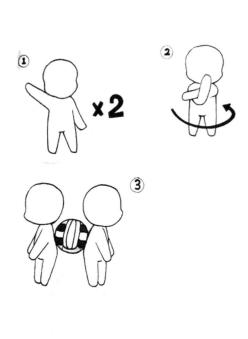

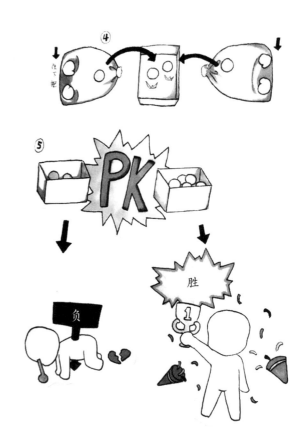

五、游戏点评

1. 充分利用场地,因地制宜,活动场地布置合理。

2. 设计新颖,符合锻炼性、趣味性、安全性原则。

3. 语言表述简洁准确,能引导幼儿共同制定或明确游戏规则,活动过程流畅。

(曾莉捷、商洁瑜、董恬吟、钱瑶锦提供)

保 持 平 衡

一、游戏目的

锻炼反应能力和平衡能力,培养团队合作精神。

二、游戏准备

网球 4 个、跳跳球 4 个、弹力绳 12 根、障碍桶 4 个、纸盒子 4 个。

三、游戏玩法

1. 全班幼儿分成 4 排,8 人一大组,4 人一小组,两两搭档,开始游戏。

2. 1 名幼儿原地"大象摸鼻"转 10 圈后跑到第一条线,等待队友;另一名幼儿"大象摸鼻"转 10 圈后跑到第一条线。

3. 2 名幼儿拉绳子,将网球运到盒子中,如果掉了需要重新运,并且要求身体立直,脚与肩同宽,膝盖不能弯曲,只能用手上下或前后移动让网球进入盒子,随后两名幼儿一起跑到第三条线。

4. 选择 1 名幼儿玩跳跳球,另 1 名幼儿扶着,跳到第四条线。

5. 第一小组完成后,第二小组重复……整个大组都完成后大喊"挑战成功",即刻停止计时。用时少的大组获胜。

四、游戏点评

1. 在教师提醒下,幼儿做好活动前的准备工作,会使用和整理活动材料。

2. 教师善于观察幼儿的活动情况,感知问题并及时作出调整。

3. 有明确的情感目标,幼儿的社会性发展得到充分的体现。

4. 充分利用场地,因地制宜,场地规划布局合理。

（佚名提供）

有病毒，快跑

一、游戏目的

提高对疫情的重视程度，锻炼观察能力和反应速度，以及应对突发事件的能力，两两配合的能力和耐力。

二、游戏准备

无。

三、游戏玩法

1. 2 名幼儿组成"门洞"，6 名幼儿扮演"病毒"，其余幼儿为"人"。安排好"人"与"人"之间的距离后，游戏开始，"人"开始往"门洞"跑。

2. 对于"病毒"来说，必须由 2 个"病毒"共同抓住"人"，那个"人"才算被感染，若只有 1 个"病毒"抓住则无效，那个"人"仍有机会挣脱并跑向"门洞"。进入"门洞"的"人"挑战成功。如若被 2 个"病毒"抓住便被淘汰。

四、图示

五、游戏点评

1. 动作发展目标明确，活动过程中各个环节时间安排科学合理。

2. 能有效利用场地和活动器材。

3. 设计新颖，符合锻炼性、趣味性、安全性原则。

（佚名提供）

穿 越 雷 区

一、游戏目的

1. 激发对体育游戏的兴趣,培养积极参与体育活动的态度。

2. 锻炼反应能力、速度、灵敏度。

3. 培养解决问题的能力,以及遵守规则、友好合作的优良品质。

二、游戏准备

4 个标志杆、40 个标志盘、32 个数字号码手环、2 个指压板。

三、游戏玩法

1. 全班平均分为 4 组,每个幼儿手腕上戴好相应组号的数字号码手环。

2. 第一轮游戏,幼儿在自己组的规定区域内自由走动,当教师喊一个数字,如"2",则手腕上戴着"2"号码的幼儿冲出区域并把地上的标志盘翻转,每翻完一个标志盘,需要"大象摸鼻"转 3 圈后才能继续翻下一个,总共翻 2 个标志盘,第二个标志盘翻完后也要"大象摸鼻"转 3 圈后才能跑向终点——标志杆,即算挑战成功。

3. 第一轮游戏中第一名和第二名的小组继续游戏,第三名和第四名的小组淘汰。按速度快慢定输赢。

4. 第二轮游戏,被淘汰小组的幼儿站在指压板上等待营救。第一组中被叫到数字号码的幼儿跑到第二组的比赛区域,第二组幼儿跑到第一组的比赛区域(互相交换两地的标志盘),把 10 个标志盘翻完后,与被淘汰者击掌,完成"营救",则算胜出。

四、图示

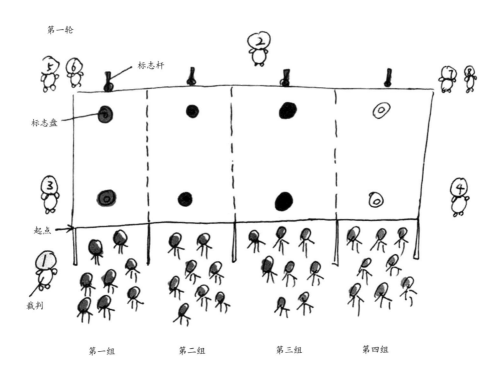

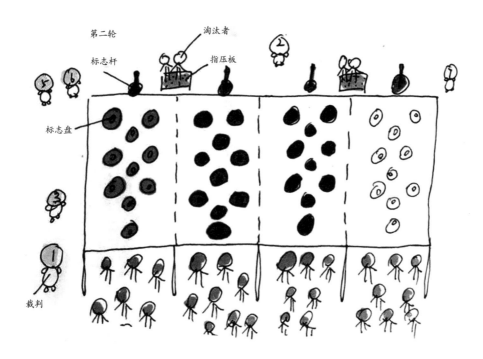

五、游戏点评

1.教师应及时添置、更新和维护运动设施和器材,确保运动设施和器材的安全。

2.活动目标明确,内容丰富有趣。

3.能科学地安排幼儿的运动负荷,运动强度和运动密度适宜,在开展体育游戏中有对幼儿的积极保护措施。

（佚名提供）

智勇大闯关

一、游戏目的

锻炼身体协调能力,培养协作精神。

二、游戏准备

长绳4根、小跨栏2个、天梯2个、长杆4根、软排球2个、呼啦圈2个、垫子2个。

三、游戏玩法

1. 全班分为2组,每组幼儿自由报名参加6个小关的比赛。前一个小关完成后才能开始后一个小关的游戏。哪个小组先完成6个小关就获得胜利。

2. 第一关,需要3名幼儿背靠背,通过相互的力量将自己与他人撑起来。

3. 第二关,需要1名幼儿一只脚勾住并提起小跨栏,另一只脚单脚跳到终点,途中小跨栏不得掉落,若掉落需要回到起点重新完成。

4. 第三关,需要2名幼儿相继进入天梯,进两格退一格,直至完成。

5. 第四关,需要2名幼儿同时进入,教师会根据节奏摆动长杆,幼儿掌握长杆的摆动节奏,找到时机跳过,再跳回,完成3个来回。

6. 第五关,需要2名幼儿用绳子将排球夹住,运往呼啦圈处,若排球中途掉落需要原地捡起继续运球。

7. 第六关,需要2名幼儿抬高垫子的一端,使垫子上的球缓缓滚入呼啦圈中,不能直接掉落。

四、图示

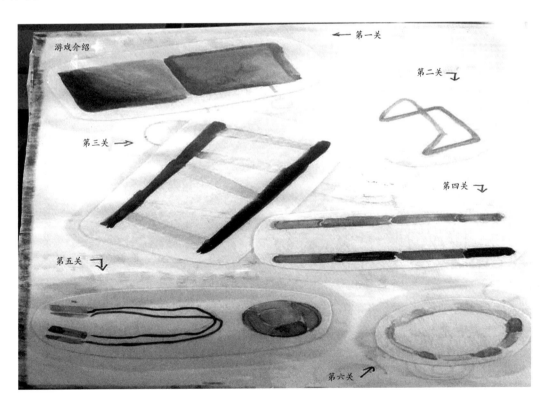

五、游戏点评

1. 场地使用合理,有充足的活动空间,安全工作做得较好。

2. 体育器材使用合理,可根据幼儿的需要灵活组合。

3. 能够较好地完成适合本年龄段特点的各项基本动作。

4. 以语言、动作等进行适当的指导,鼓励幼儿灵活使用器材。

（佚名提供）

智 慧 寻 宝

一、游戏目的
锻炼观察能力、平衡能力、团队协作能力。

二、游戏准备
皮球、平衡木、塑料杯、乒乓球、小球门、呼啦圈、瑜珈砖、小篮筐。

三、游戏玩法
1. 全班分为 4 队(小羊队、小猫队、小鸭队、小鸡队),各队指定 1 名队长。教师提前将 4 张纸条藏在规定范围内。

2. 游戏开始,各队幼儿去寻找代表各自小队的动物纸条,找到后立即返回大本营执行任务。完成一项任务后即可继续寻找下一张纸条,若找到其他队的纸条,必须将这纸条拿给对应队的幼儿,不可藏起来或弄坏。游戏结束时,纸条数多的小队获胜。

3. 任务安排:拍皮球——拿皮球在原地拍 6 下;投皮球——在距离篮筐 1.5 米的位置投进 3 个球;踢皮球——在离球门 2.5 米处踢进 1 个球;过平衡木——通过平衡木;吹乒乓球——准备几个纸杯,倒满水,将乒乓球放在起点处的纸杯中,幼儿在起点将乒乓球吹至终点;小小积木我来搭——将瑜伽砖像搭积木一样搭高,搭到 5 块瑜伽砖的高度并保持 3 秒;呼啦圈——将呼啦圈放在地上,人站在圈内,将地上的呼啦圈从下往上拿出去,放在地上,再站进去。

四、图示

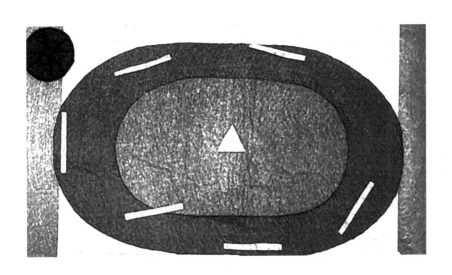

五、游戏点评
游戏比较有趣,特别锻炼身体的协调性;但是难度较大,对年龄段要求较高,需要教师的积极引导。

(佚名提供)

躲　避　球

一、游戏目的

1.锻炼体质,培养快速躲闪的能力,促进运动能力的发展。

2.培养对运动的兴趣以及团队合作能力。

二、游戏准备

软排球1个、不同颜色的足球服2件、小喇叭2个、口哨1个、秒表1个。

三、游戏玩法

1.全班分成2组,各组选出1人作为"国王",在规定时间内,各组用排球砸对方组的人。若队员被砸中,则视为淘汰出局,若"国王"被砸中,则整队出局,另一方获胜。

2.若接到球,可以加一条命(多一次被砸的机会)给自己或者队友,若时间到,两队"国王"均未被淘汰,看哪一方剩余队员多,则哪一方获胜。

3.根据实际情况调整难度,可以增加排球的数量,这样会让游戏更加有趣,队员要注意保护"国王"。

四、图示

五、游戏点评

要注意场地的安全,避免在附近有柱子或者有障碍物的地方玩耍,教师要积极引导。

(佚名提供)

花样迎面接力赛

一、游戏目的

提高基本运动能力,全面发展速度、耐力、灵敏度等身体素质,培养集体主义精神和胜不骄败不馁的气度。

二、游戏准备

垫子。

三、游戏玩法

1. 比赛开始,每个幼儿会收到一张写有词语的小纸条。

2. 一号选手在垫子上做 5 个连续的前滚翻到达垫子的另一边。

3. 一号选手到达对面后将自己的词语以动作的形式传递给下一位选手。

4. 二号选手来回单脚跳并传递词语。

5. 三号选手来回并脚跳并传递词语。

6. 四号选手来回侧身螃蟹跑并传递词语。

7. 五号选手来回背着手跑并传递词语。

8. 六号选手"大象摸鼻"转 3 圈后跑向对面,到达对面后再以同样方式转 3 圈跑回,并传递词语。

9. 七号选手了解所有词语后冲到对面,全部任务完成。

四、图示

五、游戏点评

该游戏属于智力闯关类游戏,需要完整示范,并且强调动作的规范性,必要时要对动作进行具体讲解;缺点是动作可能不规范,导致游戏不公平,需要根据实际情况加以改善。

（佚名提供）

超 级 玛 丽

一、游戏目的

锻炼脑力、四肢协调性、反应能力,提升团队合作能力。

二、游戏准备

障碍物、乒乓球拍、乒乓球。

三、游戏玩法

1. 第一关,抽到数学题,障碍跳到指定位置并算出答案,方可进入下一关。

2. 第二关,抽到一段文字记下来,并用乒乓球拍托着乒乓球运送到另一头,运送过程中不能让乒乓球落地,否则重新开始。到达另一头后,把记下的文字完整地说出来,进入下一关。

3. 第三关,单脚跳圈到达终点,与另一名队友进行"交接棒",你画我猜,另一名队友答出就可以返回,到达终点,游戏完成。

四、图示

五、游戏点评

内容简单,但是比赛有点难度,建议给幼儿一定时间自行练习,再进行比赛,这样将会大大提升游戏乐趣。

(佚名提供)

大龙与小蛇

一、游戏目的
锻炼下肢力量,提升反应能力、灵敏度与速度,培养团队协作能力与集体意识。

二、游戏准备
号码牌(红色 A1、红色 B1、绿色 A1、绿色 B1)、红丝带。

三、游戏玩法
1. 全班平均分为红、绿两队,各队再平均分为 A、B 两组。各队按顺序排为一长列,并推选一人作为"大龙",其余为"小蛇"。

2. 游戏进行三轮。第一轮,两队 A 组比赛,时间为 5 分钟;第二轮,两队 B 组比赛,时间为 5 分钟;第三轮,大队之间比赛,时间自定。

3. 第一、二轮,每队"大龙"需带领"小蛇"互抓对方队的最后一条"小蛇"。若红队成功,则将自己队伍的最后一名"小蛇"派去绿队,位置在绿队"大龙"身后。

4. 第三轮,在前半场,AB 两队的"大龙"需手牵手进行游戏。后半场,在听到"解体"指令后,各"大龙"可带领本队"小蛇"分头行动。除了被抓"小蛇"淘汰出局外,其余规则与第一、二轮相同。

四、图示

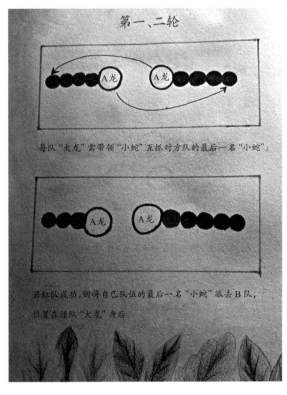

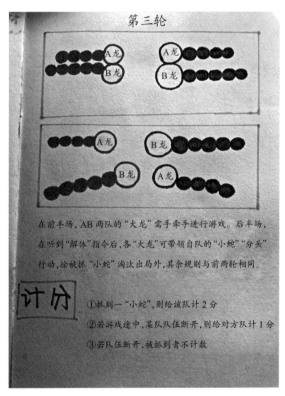

五、游戏点评
适合所有年龄段的幼儿,趣味性较强,难度不大,可适当加入技战术训练。本游戏有很多不确定因素,需要教师适当引导。

（佚名提供）

红蓝大作战

一、游戏目的
锻炼反应能力,促进团队合作,锻炼肢体协调性。

二、游戏准备
长木棍 10 根、毽子 2 只、呼啦圈 2 个、骰子 2 枚、沙包 16 个、桩 2 个。

三、游戏玩法
全班分成 2 组进行游戏。

1. 疯狂舞蹈:两组各选 1 人参加,抽取一个规定动作,2 人根据动作要求进行挑战。

2. 投掷沙包:两组各选 2 人参加,1 人投掷,1 人接球。投掷者先转 10 圈,然后进行投掷,被接住 5 个即可进入下一关。

3. 毽子接力:两组各选 4 人参加,4 人站成一个圈,接力将毽子踢给左边的成员,4 人完成接力后再踢回给第一位,过程中毽子不能落地,否则需重新挑战本关。

4. 人动棍不动:两组各选 5 人参加,2 人手持木棍,当所有人喊出"一、二、三"的口令后,需原地放掉手中的木棍并移动到左侧位置握住队友木棍,当全部成员完成 5 次移动后木棍不倒地即完成本关挑战。

5. 各组根据得分高低分出胜负。

四、图示

五、游戏点评

分值可以根据实际情况作出调整，控制好难度。

（佚名提供）

听 声 寻 人

一、游戏目的

锻炼反应能力，发展平衡能力和空间想象能力，培养耐心。

二、游戏准备

标志桶若干、眼罩若干、喇叭 1 个。

三、游戏玩法

1. 从幼儿中选出几人戴上眼罩作为"抓捕者"，其余人均为"逃跑者"。

2. 用标志桶围定安全区，大小由教师决定。

3. "逃跑者"随意活动。当教师喊"红灯"时，除了"抓捕者"，其他人都静止，脚不可离开地面。当教师喊"绿灯"时，所有人可随意活动。当教师喊"黄灯"时，除了"抓捕者"，其他人必须跳着移动。

4. "逃跑者"被抓住即被淘汰出场。

5. 教师可规定缩圈时间和范围，缩圈时，场上人员不可在圈外，否则自动淘汰，"抓捕者"则从圈的正中间开始活动"抓人"。

四、图示

红灯停　　　　绿灯行　　　　黄灯跳

五、游戏点评

可以根据实际情况制定复活及获胜条件。

（佚名提供）

围 猎 捕 狼

一、游戏目的

提高踢球动作的准确性,发展奔跑能力,提高灵敏度,锻炼脚部的控球能力。

二、游戏准备

足球若干。

三、游戏玩法

1.将幼儿分成两组,每组分别站在一个圈外边。两组各派3名幼儿到对方的游戏圈中作为"狼",其他幼儿作为"狩猎者"。"狩猎者"持球站在圆圈外围,"狼群"分散于圆圈内。

2.游戏开始,"狩猎者"在场外踢球,伺机用球踢中"狼群",被击中的"狼"退出游戏。两边场地同时进行游戏,先将对方的"狼"全部淘汰的小组获胜。

3.被围猎的"狼"均不可离开游戏圈,向"狩猎者"踢球时,只准用球击中对方腿部。

4.游戏以3局2胜确定最终结果。

四、图示

五、游戏点评

游戏难度可以根据情况进行调整。

(佚名提供)

后　记

0—3岁是人生发展的奠基阶段,婴幼儿养护与教育是家长、全社会和国家当前关注的重要问题。随着我国教育事业的普及,0—3岁孩子的家长文化知识水平也不断提高,对于婴幼儿早期照护与教育事业的发展,更是十分重视。中国学前教育研究会教师发展专业委员会在推进学前教师教育质量提升的理论与实践研究的基础上,关注到我国0—3岁婴幼儿的早期教育遇到的实际问题,针对有些高等院校已经开设早期教育(0—3岁)专业,由于理论与实践不足,在课程与教材建设方面遇到困难的实际问题,决定给予帮助并作出自己的努力与贡献。

教师发展专委会与上海科技教育出版社从2015年开始合作,制定了高等院校早期教育(0—3岁)专业教学方案。在教学方案指导下组织专家和教师编写,并先后出版发行了《婴幼儿保健》《婴幼儿营养与喂养》《婴幼儿心理发展理论》《婴幼儿认知发展与教育》《婴幼儿语言发展与教育》《婴幼儿社会性发展与教育》《婴幼儿行为观察与分析》《婴幼儿家庭教育》《早期教育教师与家长沟通的理论与实践》《特殊婴幼儿的心理发展与保教》《婴幼儿研究方法》共11本核心课程教材,还有几本正在出版过程中。

2019年,针对全国开设早期教育(0—3岁)专业的高等院校已经有百余所的实际情况,教师发展专委会与上海教育出版社合作,启动了第二批早期教育(0—3岁)专业实践与艺术类教材的编写工作。此系列教材大多是实际操作类型,我们与上海人口发展协会合作组织编者队伍,共同进行教材编写工作。为了更好地为早期教育(0—3岁)专业建设服务,更好地为婴幼儿照护机构与托育人员服务,更好地为婴幼儿家长服务,我们发动了高专、高职等80余所院校和婴幼儿照护机构,以及营养、卫生、健康、艺术等领域200余名骨干教师、医疗专家参与教材编写工作,充分体现了医教结合、全国统筹、通力合作,共同构建的基本思路。为了确保教材的科学性、针对性、实用性、前瞻性,我们在全国聘请专家对每本教材从编写初期就开始指导,并实施审核。为了使早期教育(0—3岁)专业的学生有较高的素质与专业知识和综合能力,我们设置了基础性艺术类课程的教材。考虑到3—6岁幼儿园教育的衔接与连续性,部分教材设置了"0—6岁托幼一体化"的内容。

通过各方面的共同努力,教材进入了陆续出版发行阶段。由于我国早期教育(0—3岁)专业建设时间尚短,理论建设与实践经验都不足,教材建设遇到了不少困难,特别是新冠肺炎疫情的挑战,但是在各本教材主编的领导下,在指导专家的帮助下,在编者们的努力下,我们完成了预定目标。在此,向主编、专家、编者表示诚挚的感谢!对教材编写工作给予各种支持的医疗卫生、健康管理、营养保健、婴幼儿托育机构、幼儿园等的专家、教师、托育人员表示真诚的谢意!对编者所在院校和部门、机构的大力支持和帮助表示由衷的感谢!对上海人口协会与上海教育出版社的合作表示感谢!本系列教材引用了国内外同行的一些研究成果,在此一并表示感谢!由于系列教材编者来自全国各地,经验与水平不同,时间较紧,教材难免有缺点与不妥之处,敬请批评指正。我们会不断改进与完善。

中国学前教育研究会教师发展专业委员会

郭亦勤

2021年5月于天津师范大学学前教育学院